AF493522

LÉGISLATION

DE

L'ÉTRANGER

AUX ÉTATS-UNIS

PAR M. LE BARON ROGUET
Attaché aux Affaires Étrangères,
Membre correspondant de l'Académie de législation de Toulouse.

(Extrait de la Revue pratique du Droit Français.)

PARIS
A. MARESCQ ET E. DUJARDIN, LIBRAIRES-ÉDITEURS,
RUE SOUFFLOT, 17.

1857

LÉGISLATION DE L'ÉTRANGER

Aux États-Unis.

LÉGISLATION

DE

L'ÉTRANGER

AUX ÉTATS-UNIS

PAR M. LE BARON ROGUET
Attaché aux Affaires Étrangères,
Membre correspondant de l'Académie de législation de Toulouse.

(Extrait de la Revue pratique du Droit Français.)

PARIS
A. MARESCQ ET E. DUJARDIN, LIBRAIRES-ÉDITEURS,
RUE SOUFFLOT, 17.

1857

LÉGISLATION DE L'ÉTRANGER

AUX ÉTATS-UNIS.

INTRODUCTION.

—

DE L'ÉMIGRATION.

Chaque année l'émigration amène aux États-Unis 3 à 400,000 Européens.

Une pensée commune a arraché à leur patrie et conduit au Nouveau-Monde tant d'étrangers : c'est de devenir propriétaires de quelques *acres* de terres aux États-Unis, et d'obtenir, aussitôt que possible, la qualité de citoyen américain, qui leur est à peu près indispensable pour acquérir pleinement la propriété immobilière.

La connaissance de deux parties de la législation américaine est donc indispensable à l'émigrant :

1° La législation sur la propriété à l'égard des étrangers ;

2° Les lois sur la naturalisation.

Si l'émigrant est obligé de connaître les lois qui vont régir ses plus chers intérêts, l'homme d'étude, indépendamment de la noble curiosité que lui inspire une organisation politique, sociale, judiciaire, aussi différente de la nôtre, se demande par quel irrésistible attrait les États-Unis arrachent, chaque jour, à la vieille Europe, un aussi grand nombre de ses enfants.

Comment surtout, quelque puissamment aidés qu'ils soient par leur position unique et par leur étendue presque infinie de terres vierges de possesseurs, les États-Unis peuvent-ils absorber impunément une aussi grande quantité d'étrangers?

Par quels moyens politiques et administratifs parviennent-ils à se les assimiler de telle sorte qu'il faut réfléchir avant de reconnaître que la population de ce grand empire est ainsi composée :

Plus de la moitié des habitants de l'État de Pensylvanie sont des Allemands; de l'État de New-York, des Hollandais; de la Louisiane, des Français; de la Floride, des Espagnols.

Des comtés entiers dans l'intérieur sont possédés par les colons allemands, tandis que l'émigrant irlandais occupe une si grande place dans les six États du Nord et sur les bords du Mississipi.

En un mot, sur les 22 millions d'âmes de la population blanche des États-Unis, 4 millions sont nés hors du sol américain.

La population avance de 7 lieues par an vers le nord-ouest : le territoire des États-Unis a 295,000 lieues carrées, les 3/5 de l'Europe.

Si l'énorme proportion d'étrangers ou de naturalisés que présente la population des États-Unis prouve l'importance de notre sujet, la progression des chiffres de l'immigration annuelle en établit toute l'actualité.

Il est arrivé aux États-Unis : en 1821, 9,224 émigrants; en 1840, 80,338; en 1851, 289,601.

Dans les 30 années, de 1821 à 1850, il était arrivé 2,249,391 émigrants; dans les 4 dernières années, de 1851 à 1854, il en est arrivé 1,193,298 ; c'est-à-dire plus de moitié du total de la période de trente ans précédente.

Sous le rapport de la nationalité, les arrivants par New-York ou par les autres grands ports de l'Atlantique, servant habituellement de point de débarquement aux étrangers, se divisent ainsi qu'il suit :

PAYS D'ORIGINE.	1851	1854
Allemagne,	68,883	174,608
Irlande,	163,256	81,820
France,	5,964	9,968
Autres pays,	50,498	51,372
Total,	289,601	317,760

Il faut ajouter plus de 100,000 âmes pour les trois catégories suivantes :

1° Les étrangers, entrés dans les États-Unis par terre, venant soit des provinces anglaises du Canada, soit du Mexique ;

2° Ceux qui sont arrivés par mer, et par la côte de l'Atlantique, mais dans des ports autres que les ports habituels d'arrivage ;

3° Ceux débarqués en Californie.

D'après le rapport officiel adressé au Congrès, l'Union a reçu, en 1854, un nombre total de 460,774 émigrants, dont : 49,000 Anglais, 101,600 Irlandais, 206,000 Allemands, 13,000 Français et 13,000 Chinois.

Le développement si rapide de l'immigration, et aussi, il faut le dire, la misère et la turbulence d'un grand nombre d'étrangers, ont fait reconnaître la nécessité d'organiser, sur l'ensemble de l'immigration, une surveillance active, dans l'intérêt des nouveaux venus comme dans celui du pays.

C'est dans ce but qu'a été créé le *board of emigration.*

Cette commission permanente, dont le centre est à New-York, principal port de débarquement pour les émigrants, est instituée en vue de les empêcher de compromettre la santé ou la tranquillité publique, et d'être à charge aux divers États de l'Union américaine qui reçoivent les émigrants.

Elle se compose du président de la société allemande, du président de la société irlandaise et de six membres nommés par le gouverneur de l'État de New-York, avec l'approbation du sénat et du maire de la ville de New-York.

Tous capitaines ou consignataires de navires affectés au transport des émigrants sont tenus de verser, entre les mains de la commission, 2 dollars par chaque étranger débarqué à New-York; ils sont, en outre, obligés de prendre des engagements signés, dans certains cas déterminés.

Il existe des lois spéciales intitulées : *Lois relatives aux passagers à bord des navires arrivant à New-York, ou actes pour la protection des émigrants.*

La commission est chargée d'en assurer l'exécution, de percevoir les amendes pour contravention à ces lois, ainsi que le produit de certaines patentes.

Les commissaires de l'émigration emploient toutes ces recettes à entretenir des hôpitaux aux environs de New-York, à secourir les étrangers indigents, et à indemniser les autres États des dépenses que leur causent les immigrants sans moyens d'existence.

Les commissaires ont les pouvoirs discrétionnaires les plus étendus pour remplir le but de l'institution; ils forment un corps exerçant une police sur tout ce qui se rattache à l'émigration et capable d'agir en justice.

Quelle que soit la sagesse de ces dispositions, elles ont été souvent insuffisantes à protéger, et la santé publique contre les maladies apportées par les immigrants, et les immigrants eux-mêmes contre les fraudes auxquelles ils sont en butte.

Dès 1854, le cabinet anglais avait appelé l'attention du gouvernement fédéral sur la grande mortalité à bord des navires employés au transport des émigrants.

Le gouvernement fédéral s'empressa de répondre à cet appel, en présentant au Congrès un bill pour assurer « *the better protection of life and health on board of passenger ships* » (une protection plus efficace de la vie et de la santé à bord des navires de passagers).

Cet acte, dont M. Fisch, sénateur de l'État de New-York, avait assumé la responsabilité, a été voté par le Congrès au commencement de 1855. Il paraît devoir remédier, autant qu'il est possible, aux maux dont les émigrants ont si vivement souffert.

L'art. 1er de cette loi règle l'espace qui devra être affecté à chaque passager et celui qui devra être réservé pour le bien-être de tous ; il limite le nombre des embarquements à deux individus par cinq tonneaux de jauge.

Toute infraction entraînera, pour le capitaine, une amende de 50 dollars et un emprisonnement de six mois.

Les articles suivants règlent ce qui se rapporte :

1° A l'aménagement ;

2° Aux vivres, qui doivent être tous fournis par le navire ;

3° A la propreté et au bon ordre.

En cas de décès d'un émigrant pendant la traversée, le capitaine est tenu de remettre une somme de dix dollars aux comités pour la protection des émigrants (art. 13, 14, 15).

La préoccupation, excitée en Amérique par l'immense développement de l'immigration européenne, ne se borna pas malheureusement aux sages et généreuses mesures par lesquelles le législateur s'efforçait de protéger, à la fois, et le pays et les émigrants qu'il reçoit dans son sein.

Sous l'influence des statistiques de 1853 et de 1854, la presse américaine dénonça les dangers de la rapide progression de l'immigration ; les esprits agités voyaient déjà les institutions des Etats-Unis menacées par cette invasion d'étrangers, qui, appelés, dans quelques années, à exercer les droits civiques, domineraient un jour les élections.

La misère, les désordres, la turbulence de beaucoup d'ouvriers étrangers, plus encore que le nombre total des émigrants, excitèrent alors les craintes des Américains : bien des esprits ne pouvant s'empêcher de souhaiter une législation qui ralentît l'effrayant progrès de l'émigration.

Ce fut l'occasion, sinon la cause, de la formation du parti des *know nothings*.

Ce parti, devenu presque immédiatement l'un des plus puissants qui divisent les Etats-Unis, se donna pour mission de réserver la prépondérance aux citoyens nés sur le sol des Etats-Unis, en repoussant l'élément étranger, et en modifiant, dans le sens le plus restrictif, les lois sur la naturalisation et l'obtention de l'exercice des droits civiques pour l'étranger naturalisé.

Les *know nothings* commencèrent aussitôt une campagne très active contre l'élément étranger ; ils semblèrent, un moment, à la veille d'entraîner dans cette voie la plupart des législatures locales et peut-être la majorité de la législature fédérale elle-même.

Mais, tout à coup, les relevés de 1855 vinrent signaler un ralentissement sensible et très inattendu dans l'immigration européenne.

En 1854, il était arrivé aux Etats-Unis 450,000 émigrants ; en 1855 le total des arrivants est à peine de moitié. L'Allemagne n'a plus fourni que 66,000 émigrants, l'Irlande que 55,000.

Pour le seul port de New-York, la diminution avait été plus sensible encore : 136,000 arrivants, en 1855, au lieu de 319,000 en 1854.

Tous les esprits impartiaux et la plupart des journaux américains furent subitement guéris, par cette révélation inattendue, de leurs craintes d'une absorption.

Leur hostilité contre les étrangers cessa ; et ils retirèrent ainsi aux *know nothings* un appui qui avait semblé devoir faire l'appoint nécessaire à leur triomphe.

Les feuilles des Etats-Unis ont recherché les causes de cette diminution inattendue.

Elles l'ont attribuée à la guerre qui occupait l'Europe et retenait sous les drapeaux la plus grande partie de la jeunesse, plus portée à l'émigration.

Elles l'ont attribuée, aussi, à la crainte inspirée aux étrangers par les *know nothings*.

Mais les théories des *know nothings* sont trop peu connues, en Europe, parmi la population qui émigre, pour avoir produit un résultat aussi sensible.

La diminution de l'immigration, en 1855, ne s'expliquerait-elle pas plutôt par :

1° L'augmentation de l'immigration en Australie?

2° L'effet même du développement extraordinaire de l'immigration dans les années précédentes?

3° La situation meilleure de l'Irlande et de l'Allemagne, les deux grands foyers de l'émigration?

En Irlande, surtout, l'émigration des dix années précédentes, qui s'était élevée à 300,000 âmes, a fait disparaître une surabondance de population malheureuse et habituée à regarder la vie comme impossible dans sa patrie.

Les sages mesures du gouvernement anglais, en faveur de la propriété et de l'agriculture, permettront, à ce qui reste de la population, de vivre plus facilement en Irlande.

Aussi l'émigration irlandaise a-t-elle diminué de moitié de 1852 à 1855; et, en ce qui la concerne, le mouvement de réduction, progressif depuis plusieurs années, est-il désormais incontestable.

Au contraire, pour ce qui regarde l'immigration en général, la diminution inattendue de 1855 ne doit être acceptée, en quelque sorte, que sous bénéfice d'inventaire.

Il faut que les statistiques de 1856 et de 1857 démontrent si 1855 est le terme du développement de l'immigration européenne et le point de départ de sa diminution; ou bien si 1855 n'offre qu'une de ces réductions momentanées, et bientôt effacées par le mouvement général de développement, dont les années 1829, 1833, 1838, 1843 et 1844 nous ont donné l'exemple.

La transformation qui s'est opérée dans la composition des émigrants achèvera de calmer les craintes des Américains et d'enlever aux *know nothings* leur véritable raison d'être.

Ce qui préoccupait surtout le gouvernement et l'opinion, c'était le dénûment absolu dans lequel arrivaient la plus grande partie des Irlandais. Aussi leurs craintes ont-elles été atténuées par le développement favorable que vient de prendre tout d'un coup l'émigration des Allemands : ceux-ci apportent tous, avec le goût du travail et des habitudes régulières, plus ou moins de capitaux; ils se suffisent à eux-mêmes.

En 1851, l'émigration des Allemands était de 68,000, tandis que celle des Irlandais était de 163,000; en 1854, les Allemands comptaient 174,000, les Irlandais 82,000 âmes.

La vente des terres fédérales s'opère dans des conditions toutes spéciales.

Après la révolution américaine, une question des plus graves se présenta :

Les territoires vacants que possédait la couronne d'Angleterre appartiendront-ils aux Etats dans les limites desquels ils sont situés? Devront-ils appartenir à l'Union elle-même?

Après des controverses, souvent dangereuses pour l'existence même de la Confédération, les divers Etats locaux renoncèrent successivement à leurs prétentions : le gouvernement fédéral devint propriétaire de ces terres incultes, sauf quelques réserves.

Le Congrès déclara qu'il établirait, dans ces vastes territoires, des Etats souverains comme les autres Etats de l'Union.

Depuis, le gouvernement fédéral s'est chargé de vendre ces terres vagues : d'abord par masses considérables; depuis 1800, en détail.

Nous retracerons, d'après MM. Michel Chevalier et Paul Odent, les prix et les formalités d'achat.

On dresse, aux frais de l'Union, un plan indiquant chaque division et chaque lot. Les terres mises en vente sont divisées en *township* de la superficie de 9,331 hectares, ceux-ci en sections, et les sections en *quarts* contenant chacun 160 acres ou 65 hectares.

Chaque année on met en vente environ 360,000 hectares, sur la mise à prix de 16 fr. 48 c. par hectare, rarement dépassée.

Les terrains non vendus à l'adjudication sont ensuite vendus de gré à gré par les bureaux terriens, mais toujours au taux minimum de la mise à prix.

Depuis 1820, toute vente est faite au comptant.

Dans chaque *township*, une section (259 hectares) est réservée au profit des écoles primaires; en outre, le Congrès retient 3 0/0 sur le produit des ventes; il affecte cette somme au percement des routes nécessaires pour ouvrir des débouchés aux Etats de l'Ouest, et remet 2 0/0 à l'Etat local dans lequel sont situées les terres vendues.

Depuis 1787 jusqu'en 1835, il a été vendu ou concédé plus de 26 millions d'hectares; l'immense territoire renfermé dans les frontières des Etats-Unis contiendrait encore de 300 à 400 millions d'hectares susceptibles d'être ainsi aliénés.

Le gouvernement fédéral se procure à bon compte ces millions d'hectares; en une seule fois, il a acheté, aux Indiens, 16 millions d'hectares pour une rente de 6,000 fr., à la seule condition de leur laisser le temps de détruire tout le gibier.

La grande majorité de l'émigration européenne se porte sur les terres fédérales vendues à l'encan, vers les Etats de l'Ouest, c'est-à-dire dans la vallée du Mississipi et sur les bords des grands lacs.

Mais, avant d'arriver à se livrer au travail de la terre pour son propre compte, avant d'acquérir la propriété foncière dont le désir l'a amené aux Etats-Unis, l'émigrant dénué de toutes ressources, qui met le pied sur le sol américain, doit d'abord chercher, dans les villes, dans les fabriques ou sur les lignes de chemins de fer, le travail journalier qui, un jour, lui fournira de quoi acheter les quelques acres de terre tant rêvés.

Les conditions très différentes dans lesquelles arrive chacune des nationalités qui composent l'émigration influent nécessairement sur le sort qu'elles trouvent aux Etats-Unis.

Ce n'est point le nouveau débarqué qui devient le pionnier le plus avancé de la civilisation. Le mouvement d'émigration se décompose en deux phases :

L'Européen arrive sur le littoral de l'Union, y acquiert comme ouvrier un capital; l'Américain, ou plus tard cet Européen muni d'un capital, partent du littoral pour s'enfoncer dans l'Ouest.

L'ardeur des Américains à se porter dans les déserts de l'Ouest modère la tendance de la propriété à se diviser. Au Massachussets, par exemple, pays le plus peuplé de l'Union, l'aîné prend, en général, la terre; les cadets, avec un peu d'argent, vont chercher fortune au désert.

En général, l'Allemand émigre avec de l'argent; il devient propriétaire dès son arrivée.

L'Irlandais s'adonne à toute espèce de travaux, même les plus pénibles.

Le Français fournit le plus souvent ses bras à l'industrie manufacturière; il reste dans les villes ou auprès des villes; s'y établit plus tard, pour faire valoir, à son compte, l'industrie qui l'a tiré de la misère : assez rarement il devient propriétaire foncier.

Par une exception, à laquelle nous devons être sensibles, l'émigrant français, parvenu à l'aisance, quitte quelquefois le Nouveau-Monde pour rentrer dans sa patrie.

Un fait tout récent vient de se révéler; c'est la tendance des émigrants, des Irlandais surtout, à l'imitation des Français, à rentrer dans leur pays, en emportant le capital qu'ils ont laborieusement acquis dans l'Ouest, et avec lequel ils comptent finir leurs jours dans leur patrie.

Mais la presque totalité des émigrants, qu'ils restent dans les villes du littoral ou qu'ils aillent peupler les États de l'Ouest, se font naturaliser dès qu'ils ont rempli les conditions exigées par la législation.

La qualité de citoyen américain leur est nécessaire pour jouir pleinement des droits de propriétaires fonciers; ils ont hâte de l'obtenir.

Les législations multiples des divers États qui composent l'Union américaine, si différentes, à cet égard, de nos lois, et bien peu connues en Europe, n'offrent pas seulement un intérêt théorique; à un autre point de vue encore, elles réclament notre sérieuse attention.

Les relations entre les deux Mondes sont incessantes; des flots d'Européens, de Français, passent aux États-Unis, cultivent une parcelle du sol, l'acquièrent sans connaître, bien souvent, la loi du pays, tandis qu'ils laissent en Europe des parents, et, un jour, des héritiers.

Alors que tant d'intérêts européens ou français sont engagés dans le Nouveau-Monde, ne convient-il pas d'étudier les lois auxquelles ils vont se trouver soumis?

Sous un autre rapport, ces lois intéressent aussi directement l'Etat, le pays lui-même, que ceux de ses enfants qui ont émigré. Les lois de beaucoup d'Etats de l'Union exigent la naturalisation de la part de l'étranger pour devenir propriétaire. On sent le préjudice, la perturbation que peut entraîner, un jour, pour l'émigrant, pour sa famille, pour la patrie elle-même reniée, cette renonciation au bien le plus cher, surtout en pays étranger : la nationalité.

Sous le titre de : *Législation de l'étranger aux Etats-Unis*, ce travail traitera successivement, pour les Etats-Unis :

1° Dans une première partie (adressée à l'académie de législation de Toulouse, le 20 janvier 1854), *des Droits des étrangers;*

2° Dans une deuxième partie (adressée en juin 1855 à la même académie), *de la Naturalisation.*

Une semblable étude n'a pas encore été entreprise dans son ensemble : nous croyons en avoir suffisamment démontré l'actualité et l'importance.

Pour les chapitres sur l'organisation judiciaire, pour le chapitre IX, sur les bases des lois de successions, ainsi que pour une partie du chapitre Ier du IIe livre, l'auteur a puisé dans les importantes publications de M. de Tocqueville, sur *la Démocratie en Amérique*, et de Story, sur *la Constitution fédérale des Etats-Unis* (annotée par M. Odent).

Mais, en dehors de ces chapitres, l'auteur s'est directement attaché à l'étude des textes législatifs, rapprochant les dispositions analogues, qui se complètent ou s'expliquent mutuellement; retranchant tout ce qui a été aboli par des lois postérieures ou n'avait qu'une durée transitoire; cherchant à expliquer et à faire concorder les contradictions apparentes de ces actes, tâche souvent difficile pour une législation non codifiée.

Les journaux américains, surtout dans leur partie consacrée à la législation, les comptes-rendus des délibérations des législatures fédérales ou locales, les traités internationaux ont été autant de mines fécondes d'où l'auteur a pu extraire de précieux matériaux pour une œuvre non encore tentée.

LIVRE PREMIER.

DROITS DES ÉTRANGERS.

PRÉLIMINAIRES.

ÉTRANGERS NON NATURALISÉS.

Nous n'avons pas besoin de rappeler quels sont les principes de notre législation en cette matière.

1° L'étranger jouit, en France, des mêmes droits que ceux qui sont ou seront accordés aux Français par les traités de la nation à laquelle cet étranger appartient (Code civil, art. 11).

2° En l'absence de tout traité avec la nation à laquelle ils appartiennent, les étrangers participent toujours aux effets du droit naturel, ces effets étant communs à tous les hommes.

3° Depuis la loi du 14 juillet 1819, les étrangers, même sans condition de réciprocité, sont capables, comme les Français, de disposer, transmettre ou recevoir, par successions ou donations entre-vifs ou testamentaires.

En ce qui concerne spécialement les citoyens de l'Union, l'art. 7 de notre dernière convention consulaire avec les Etats-Unis, du 23 février 1853, porte que le gouvernement français, en se réservant toutefois d'appliquer, s'il y a lieu, ultérieurement, la réciprocité en matière de possession et de succession, reconnaît aux citoyens des Etats-Unis la même capacité, en matière de succession, propriété mobilière ou immobilière, que celle dont jouissent, en France, en pareille matière, les Français eux-mêmes.

L'étranger ne peut, en France, prendre part à aucune

élection, ni être juré, ni être admis à aucune fonction, civile ou judiciaire, à la nomination du chef de l'Etat.

Pour toutes ces positions ou fonctions, la première condition est de justifier de la qualité de Français.

De rares exceptions n'existent que pour des emplois très inférieurs.

Examinons maintenant quels sont, aux Etats-Unis, la position et les droits d'un étranger non naturalisé.

En principe, les étrangers jouissent, aux Etats-Unis, en temps de paix, à l'égard de leurs personnes et de leurs biens, de la même protection et des mêmes facultés que les citoyens de l'Union : ils peuvent librement contracter, exercer le commerce ou toute autre profession et posséder des meubles, sans être sujets à d'autres charges ou taxes que celles auxquelles sont soumis les citoyens américains.

En France et dans la plupart des Etats, il n'y a qu'un seul pouvoir souverain, le gouvernement central : il n'y a qu'une seule législation, celle qui émane du gouvernement général de la nation.

Au contraire, la Constitution américaine établit deux ordres de souverains: les Etats locaux et le gouvernement fédéral.

Chacun de ces souverains a sa législation, ses tribunaux, ses agents.

La Constitution définit les attributions du gouvernement fédéral, qui sont l'exception.

Tout ce qui n'est pas compris dans la définition rentre dans les attributions des Etats, qui sont le droit commun.

La cour suprême a, pour une de ses attributions, de maintenir la division des pouvoirs fédéraux et des Etats telle que la Constitution l'a établie.

La force prépondérante appartient, en réalité, aux Etats locaux.

A eux, en principe, et sauf les exceptions, le droit de rendre justice et de fixer les droits civils et politiques des citoyens.

La compétence, ainsi reconnue, des Etats locaux, ne fléchit que devant les traités internationaux, conclus par le Congrès dans la limite où la Constitution fédérale lui permet d'engager l'Union américaine.

Toutes les législations locales, sauf celle de la Louisiane, sont parties d'une même base, la loi commune d'Angleterre, en vigueur dans les anciennes colonies britanniques avant la déclaration de l'indépendance.

Même, à cette époque, la couronne d'Angleterre tolérait que les tribunaux de chaque colonie interprétassent celles des parties de la loi qui étaient applicables à la situation présente du pays.

Depuis la révolution américaine, la loi commune anglaise a été modifiée, de diverses manières, par un grand nombre de législations locales.

C'est donc, dans les législations locales des divers Etats de l'Union, que nous devons étudier la capacité accordée à l'étranger en matière de propriété, pour le territoire de chacun de ces Etats, ainsi que le régime sur les successions et sur la prescription.

Enfin, les gouvernements étrangers ont essayé, avec plus ou moins de succès, d'affranchir leurs nationaux du droit d'aubaine.

Nous sommes donc conduits à examiner successivement la loi commune anglaise, les modifications apportées à cette loi par les États locaux et les traités internationaux sur la matière.

En général, les étrangers sont frappés, aux Etats-Unis, d'une importante incapacité, en ce qui concerne la propriété immobilière.

L'étranger ne peut légalement acquérir ni transmettre des biens fonciers.

Le droit d'aubaine forme, quant aux immeubles, la loi commune des Etats-Unis, en tant qu'il n'a pas été aboli par des traités avec les puissances étrangères.

Aujourd'hui, la Nouvelle-Grenade est le seul Etat qui possède un traité affranchissant réellement ses nationaux du droit d'aubaine.

Les législations d'un grand nombre d'Etats particuliers, souverains en cette matière, ont plus ou moins adouci la loi commune.

La plupart l'ont fait, seulement, en faveur de l'étranger qui a déclaré son intention de devenir citoyen et n'a pu encore remplir les conditions exigées pour la naturalisation ; quelques Etats, en faveur de tous les étrangers résidant dans l'Union.

La Louisiane, la Floride, le Michigan ont aboli complétement le droit d'aubaine.

Du reste, la tendance des esprits est à l'adoucissement, ou même à la suppression du droit d'aubaine.

Le gouvernement fédéral, fidèle à l'engagement qu'il a pris envers la France dans la convention du 23 février 1853, saisit les occasions d'*engager* les Etats qui ont maintenu le droit d'aubaine à établir des lois qui accordent à l'étranger le droit de propriété immobilière.

Il n'existe, aux Etats-Unis, ni droit d'aubaine, ni droit de détraction pour les meubles.

Un étranger est capable, comme le serait un citoyen de l'Union, d'acquérir, entre-vifs et à cause de mort, ou de transmettre des créances ou tous autres biens mobiliers.

En cas de guerre entre l'Union américaine et le pays auquel appartient l'étranger, les biens mobiliers de ce dernier, ses créances, et aussi ses immeubles dans les Etats où il est capable d'en posséder, ne sont point sujets à confiscation.

Mais l'étranger ne peut faire valoir ses droits devant les tribunaux américains qu'autant que la paix subsiste entre son pays et les Etats-Unis.

Du moment où il y a déclaration de guerre, il est regardé comme étranger ennemi ; l'exercice de ses droits reste suspendu jusqu'au rétablissement de la paix.

L'étranger, auquel appartient une créance exigible, ne peut en poursuivre judiciairement le recouvrement pendant la durée de la guerre.

L'étranger ne jouit évidemment d'aucun droit politique.

Le Michigan seul a inséré dans sa Constitution que les étrangers auront droit de suffrage, même dans les élections des présidents et des membres du Congrès, avant le délai fixé par les lois fédérales pour la naturalisation.

Exempt du service militaire, cet étranger n'est pas soumis aux lois et règlements sur l'enrôlement des milices.

PREMIÈRE PARTIE.

CAPACITÉ EN MATIÈRE DE PROPRIÉTÉ.

CHAPITRE PREMIER.

COMMON LAW.

Tandis que la France et les autres pays adoptaient une législation simple, uniforme, et que presque tous assimilaient l'étranger au citoyen, pour le droit de posséder et de transmettre, les Etats-Unis conservaient leurs lois locales.

Malgré leur diversité, celles-ci ont, dans l'espèce, pour principe commun, la loi anglaise avec le droit d'aubaine.

Dans aucune partie de l'Union, déjà nous l'avons dit, le droit d'aubaine n'a jamais été appliqué aux meubles. Partout un étranger peut acquérir, posséder et transmettre des meubles. A sa mort, ses meubles passent à ses légataires ; s'il meurt *ab intestat*, à ses héritiers légitimes, d'après la loi du lieu de son domicile, au moment de sa mort.

Pour les immeubles, au contraire, le droit des étrangers à acquérir et transmettre dépend des lois de celui des Etats dans lequel sont situés ces immeubles.

Le droit commun d'Angleterre (droit d'aubaine), en vigueur avant l'émancipation, avait été primitivement adopté par presque tous les Etats. Plusieurs l'ont depuis plus ou moins adouci par diverses modifications.

Examinons d'abord cette règle générale empruntée à la loi commune d'Angleterre.

D'après la *common law*, un étranger peut bien acheter des terres, ou les recevoir par héritage ou legs; mais il est exposé à se voir déchu de ses droits et à voir ses biens confisqués au profit de l'Etat, par un procès appelé *enquête d'office* (inquest of office).

Il ne saurait, ni par vente, ni par testament, ni d'aucune manière, frustrer l'Etat du droit de s'emparer de ses biens.

En sorte que l'étranger ne peut que recevoir et occuper l'immeuble jusqu'à ce qu'il plaise à l'Etat d'exercer ses droits en ordonnant l'enquête.

A sa mort, qu'elle ait lieu avant ou après l'enquête, tous ses biens immeubles vont immédiatement et naturellement par droit d'aubaine à l'Etat; cet étranger est incapable de transmettre à des Américains aussi bien qu'à des étrangers.

Par suite, un citoyen américain ne peut hériter d'un autre Américain par représentation d'un étranger; car l'étranger n'a pas de sang dont on puisse déduire un titre.

Par exemple, un petit-fils, bien que citoyen américain, ne peut hériter des terres de son grand-père, lui aussi citoyen, si son père est étranger.

En général, l'étranger est donc incapable d'acquérir ou de transmettre.

Nous avons à examiner, maintenant, les modifications si diverses que cette loi commune a éprouvées ; bien entendu, ces modifications n'ont d'effet que dans l'Etat qui les a adoptées.

CHAPITRE II.

ÉTATS QUI ONT MODIFIÉ LE DROIT D'AUBAINE EN EXIGEANT L'ENGAGEMENT DE SE FAIRE NATURALISER.

Les six Etats compris dans cette première catégorie ont ce point commun : que, tout en modifiant la loi commune, ils exigent de la part de l'étranger un engagement de se faire naturaliser, pour être capable d'acquérir et de transmettre.

Les quatre Etats de New-York, Delaware, Indiana et Missouri se départissent de la règle en faveur de l'étranger qui réside et qui a déclaré son intention de devenir citoyen.

Loi de New-York.

15. — « Tout étranger qui est venu ou qui arrivera par la suite aux Etats-Unis, peut faire par écrit, devant tout officier autorisé à authentiquer les actes qui doivent être enregistrés.

la déclaration ou affirmation *qu'il demeure aux Etats-Unis* et *qu'il a l'intention* d'y résider toujours, *d'en devenir citoyen aussitôt qu'il pourra être naturalisé*, et qu'il a fait les démarches nécessaires requises par les lois des Etats-Unis, pour se mettre en mesure d'obtenir la naturalisation. Cette déclaration certifiée par ledit officier sera déposée et enregistrée à la secrétairerie d'Etat, dans un registre qui se tiendra à cet effet : et ce certificat ou une expédition certifiée du même sera une attestation valable des faits qu'il contient. »

16. — « Tout étranger qui fera et déposera cette déclaration, sera dès lors autorisé à recevoir et posséder des biens immeubles, pour lui, ses héritiers, substitués ou cessionnaires pour toujours; et il peut, durant les six années qui suivront cette déclaration, vendre, céder, assigner, hypothéquer, léguer et disposer des mêmes biens de quelque manière que ce soit tout comme s'il était citoyen natif de cet Etat ou des Etats-Unis, excepté qu'il n'aura pas le droit de donner à bail ou d'affermer aucun bien qu'il recevra ou possédera en vertu des présentes, tant qu'il ne sera pas naturalisé. »

17. — « Un étranger ne sera pas capable de recevoir ou posséder aucun bien immeuble qui lui serait advenu par héritage, legs ou transport, avant d'être devenu résidant et d'avoir fait les dépositions ou affirmations ci-dessus mentionnées. »

18. — « Lorsque l'étranger meurt ab intestat, *durant les six années qui suivront la déclaration* qu'il aura faite ou déposée, laissant des héritiers habitant les Etats-Unis, ces héritiers seront appelés à la succession des biens immeubles de cet étranger, de la même manière qu'ils auraient hérité, si cet étranger avait été citoyen de l'Etat au jour de son décès. »

(*Acte du 2 décembre* 1828.)

Delaware.

La loi de cet Etat est pareille à celle de New-York et peut servir à la résumer.

« Tout étranger pourra recevoir, posséder, hériter et aliéner ses biens (immeubles), pourvu qu'il réside dans cet Etat et qu'il ait déclaré l'intention de devenir citoyen. »

(*Acte du* 26 *janvier* 1829.)

Indiana.

Cet Etat a modifié la règle comme New-York et Delaware.

(*Acte du* 14 *janvier* 1818.)

Missouri.

Les statuts de cet Etat sont encore pareils.

« Tout étranger résidant aux Etats-Unis qui aura déclaré l'intention de devenir citoyen de l'Union, en prêtant le serment requis par la loi, pourra acquérir des immeubles dans cet Etat..... et les aliéner tout comme s'il était citoyen des Etats-Unis. »

(*Acte du* 17 *janvier* 1835.)

Les deux autres Etats appartenant à cette première classe ont aussi modifié la règle dans le même sens, mais avec ces deux différences : 1° qu'ils demandent, au lieu d'une déclaration de se faire naturaliser, un serment de fidélité;

2° Qu'après un an de résidence, l'étranger, qui a prêté serment, est reconnu citoyen.

Caroline du Nord.

« Tout étranger qui viendra s'établir dans cet Etat pourra, après avoir prêté serment de fidélité audit Etat, acheter ou par tout autre moyen acquérir, posséder et transmettre des terres et autres biens immeubles. Après une année de résidence, il sera reconnu citoyen libre. »

(*Article* 40 *de la Constitution.*)

Vermont.

Cet Etat a modifié la loi commune de la même manière que la Caroline du Nord, dans sa Constitution elle-même.

« Tout individu de bonne réputation qui viendra s'établir dans cet Etat pourra, après avoir prêté serment de fidélité audit Etat, acheter, ou, par tout autre moyen équitable, acquérir, posséder et transmettre des terres et autres immeubles;

après une année de résidence, il sera reconnu citoyen libre de cet Etat, et jouira de tous les droits d'un citoyen natif de cet Etat, excepté qu'il ne pourra être élu gouverneur, lieutenant-gouverneur, trésorier, conseiller et représentant à l'Assemblée, qu'après deux années de séjour. »

(*Article* 39 *de la Constitution.*)

La loi de la Caroline du Nord et du Vermont ne dit pas expressément que la transmission ne pourra être faite aux héritiers étrangers *non résidants.* Mais cela résulte d'une manière indubitable de l'esprit de cette loi qui exige, pour acquérir, *résidence et serment de fidélité.*

En définitive, l'adoucissement introduit par les six Etats dont nous venons de parler, consiste en ce qu'au lieu de refuser à l'étranger la capacité d'acquérir et de transmettre jusqu'à ce qu'il soit devenu citoyen, ces Etats lui accordent immédiatement cette capacité, pourvu qu'il réside et s'engage à devenir citoyen dès que cela sera possible.

En outre, ils rendent, surtout le Vermont et la Caroline du Nord, cette naturalisation singulièrement facile.

Ces législations, plus douces que la loi commune, sont tout aussi fâcheuses au point de vue des nationalités étrangères.

Comme cette loi, elles obligent l'étranger à renoncer à son pays; elles le placent, du moins, entre la perte de sa nationalité et celle de biens péniblement acquis dans l'ignorance de la législation locale.

Entre ces deux sacrifices, l'un s'accomplit de suite avec tout ce qu'il a de douloureux, tandis que les conséquences de la naturalisation ne se font sentir que longtemps après; la perte de la nationalité se consomme même, dans certains cas, presque à l'insu de l'étranger, par la résidence après un serment de fidélité prêté sans en comprendre la gravité.

On devine ce qui arrivera plus d'une fois.

CHAPITRE III.

ÉTATS QUI ONT MODIFIÉ LE DROIT D'AUBAINE SANS CONDITION DE NATURALISATION.

Les Etats compris dans cette seconde classe ont, au contraire, supprimé toute condition de naturalisation.

L'étranger y peut acquérir, posséder ou transmettre, tout en restant français, anglais, etc. Presque tous ces Etats exigent seulement, de sa part, une simple résidence; un d'entre eux admet à posséder les étrangers *même non résidants*, mais il limite, pour tout étranger, l'étendue des terres qu'il peut posséder.

Pensylvanie.

Cet Etat admet tout étranger, même non résidant, à posséder jusqu'à concurrence de 5,000 acres de terre.

« A dater de la promulgation de la présente loi, tout étranger, s'il n'est pas sujet d'un souverain, Etat ou Puissance qui est ou sera, dans le moment, en guerre avec les Etats-Unis, pourra légalement acheter, dans toute l'étendue de cet Etat, des terres n'excédant pas *cinq mille acres*, tenir et posséder ces biens pour lui, ses héritiers, substitués et cessionnaires, aussi pleinement et à toute fin que tout citoyen natif pourrait le faire. » — (5,000 acres font 2,023 hectares.)

(*Acte du* **24** *mars* 1818.)

Les autres Etats ne limitent pas l'étendue des droits de propriété, mais ils ne les accordent qu'à l'étranger *résidant*.

Tennessee.

« Les étrangers qui résident aux Etats-Unis pourront acquérir des propriétés par testaments ou successions, à l'exclusion des héritiers qui demeurent à l'étranger, quand même ces derniers seraient plus proches parents. Si aucun héritier ne réside ici, les biens sont à l'Etat. »

(*Acte de* 1809, *ch.* 23.)

La loi de l'Ohio et de New-Jersey n'énonce pas de condition de résidence. Mais, *dans la pratique*, il est fort douteux que les non-résidants puissent, en sûreté, acquérir et transmettre.

Bien que ces deux Etats puissent *à la rigueur* être rangés parmi ceux qui ont complétement aboli la règle, il est plus rationnel de les placer ici.

Ohio.

« Tout étranger qui aurait actuellement, ou par la suite, des terres, dans l'étendue de cet Etat, soit par achat, don, legs ou succession, pourra légalement posséder ces terres et en jouir aussi pleinement et absolument que tout citoyen des Etats-Unis. »

(*Acte du* 3 *février* 1804.)

New-Jersey.

Même loi (*Acte du* 22 *janvier* 1817.)

Enfin la législation des Etats admis depuis peu dans l'Union, l'Iowa, le Texas, le Wisconsin, se distingue par un grand adoucissement à la règle du droit commun, mais elle ne profite en général qu'aux résidants.

CHAPITRE IV.

ÉTATS QUI ONT ABOLI LE DROIT D'AUBAINE.

Nous arrivons aux Etats qui ont complétement aboli le droit d'aubaine.

Louisiane.

« Les étrangers peuvent hériter des biens meubles et immeubles sur le même pied que les citoyens. »

Floride.

Même législation.

Michigan.

« Tout étranger pourra légalement acheter des terres, les posséder pour lui, ses héritiers et substitués, pour toujours, aussi pleinement et à toute fin que tout citoyen natif des Etats-Unis peut le faire; et toutes les personnes, autorisées par cet acte à acheter et posséder des terres, pourront également les recueillir et acquérir par succession et legs. »

(*Acte du* 31 *mars* 1837.)

Ajoutons deux Etats que notre dernière convention avec les Etats-Unis a décidés à abolir le droit d'aubaine.

D'après la recommandation faite par le président, le gouverneur de la Virginie, dans son message, soulevait la question de la propriété immobilière pour les Français.

Un projet de loi pour leur permettre de posséder et léguer des immeubles en Virginie, sans condition de naturalisation ni résidence, devait être soumis à la législature de 1854.

Le résultat était assuré d'avance; la clôture forcée de la session par la Constitution a seule retardé ce resultat.

En 1856, l'État de Californie admet l'étranger à succéder aux biens, meubles ou immeubles, que son parent, étranger même non résidant, possédait en Californie.

Auparavant le droit d'aubaine existait en fait.

Nous avons passé en revue les Etats qui ont modifié la loi commune.

De ces dix-huit Etats :

Dix forment la zone centrale du nord de l'Union, depuis les solitudes du N.-O. jusqu'aux rivages de l'Atlantique à l'est; ce sont :

Michigan, Wisconsin, Indiana, Ohio, Vermont, New-York, Pensylvanie, Delaware, New-Jersey et Virginie.

Cinq appartiennent au centre et à l'ouest :

Missouri, Iowa, Tennessee, Caroline du Nord, Californie.

Trois enfin au sud :

Louisiane, Floride et Texas.

Les causes qui ont pu amener ces Etats à adoucir ou modifier le droit d'aubaine sont, en général :

1° L'influence des législations des anciens possesseurs, particulièrement des lois françaises (Louisiane surtout, Floride, Missouri, toujours en rapports intimes avec la Louisiane, etc.);

2° L'intérêt que l'Etat a, ou avait lorsqu'il a fixé sa législation, à attirer les étrangers, soit pour peupler son territoire, trop peu habité, soit pour refouler les Indiens qui en occupaient une partie, soit enfin pour atteindre le chiffre de 60,000 âmes, nécessaire pour être érigé en Etat (Michigan, Wisconsin, Texas, Iowa, Floride, et autrefois, Ohio, Tennessee, etc.);

3° Enfin, en général, plus les législations ont été récemment modifiées, plus elles ont adouci la rigueur de la loi anglaise.

CHAPITRE V.

ADOUCISSEMENT APPORTÉ AU DROIT D'AUBAINE PAR L'USAGE.

Les autres Etats ont maintenu, dans sa rigueur, la règle dérivée de l'ancienne loi anglaise.

Un étranger ne peut acquérir ni transmettre, qu'il réside ou non aux Etats-Unis.

La tendance à adoucir la législation, quant aux droits des étrangers, se fait sentir plus générale encore, par la manière dont est exécutée la législation commune, dans les Etats qui l'ont maintenue en tout ou en partie.

Il est de même très rare qu'un Etat fasse valoir ses droits par une *enquête d'office* et s'empare des immeubles.

Bien souvent cet Etat laisse l'étranger les détenir et les vendre à des personnes habiles à les posséder.

En outre, là où la loi interdit à l'étranger le droit de propriété, celui-ci peut s'adresser aux chambres législatives pour obtenir une loi spéciale qui le mette individuellement sur le même pied que les citoyens, en ce qui touche le droit d'acquérir et de transmettre les biens immobiliers.

Généralement, cette autorisation est accordée sans difficulté.

CHAPITRE VI.

ANCIENS TRAITÉS EXEMPTANT DU DROIT D'AUBAINE.

Il nous reste à examiner les traités internationaux, relatifs à la capacité des étrangers en matière de propriété.

Deux traités conclus, au moment de la déclaration de l'indépendance américaine ou lors de la reconnaissance de cette émancipation, avaient complétement assimilé, dans certaines hypothèses, des Anglais ou des Français aux citoyens américains, pour les droits en matière de propriété.

Les circonstances spéciales qui dictèrent ces traités expliquent comment l'un d'eux n'a pu être renouvelé, et comment l'autre, tout transitoire, n'a plus lieu d'être appliqué aujourd'hui, 70 ans après la déclaration de l'indépendance des colonies anglaises.

Les traités du 6 février 1778 et du 30 septembre 1800 exemptaient les Français du droit d'aubaine.

Le traité du 6 février 1778 déclarait (article 11e) que « les « citoyens de l'un et de l'autre pays pourraient disposer de « leurs biens, meubles et immeubles, par testament; s'ils « meurent *ab intestat*, ces biens reviendront à leurs héritiers, « n'importe où ils résidassent, sans que l'effet de cette con- « cession pût être contesté à ces derniers, ou empêché sous « prétexte de quelque droit ou prérogative des provinces, « villes ou personnes privées. »

Ce traité, conclu en même temps que notre traité d'alliance offensive et défensive contre la métropole, et, par conséquent, dans les conditions les plus avantageuses pour nous, affranchissait nos citoyens du droit d'aubaine.

Ce privilége, les États-Unis ne l'ont depuis accordé à aucune puissance européenne, dans sa plénitude. Aussi, dès 1798, l'exécution de notre traité éprouva-t-elle de leur part de sérieuses difficultés.

La Convention du 30 septembre 1800 renouvela à peu près la clause du traité de 1778. L'art. 7 « accordait aux citoyens « respectifs le droit d'acquérir, posséder et disposer de tous « biens, meubles et immeubles, comme s'ils étaient citoyens « natifs, et sans être assujettis à obtenir un acte de naturali- « sation. »

Il y avait cette réserve, pourtant, que les États-Unis ont depuis introduite dans tous les traités, sauf dans celui avec la Nouvelle-Grenade : « que dans les cas où les lois de l'un « des États limiteraient *pour les étrangers* l'exercice des droits « de propriété sur les immeubles, il pourra être disposé, à « leur mort, de ces immeubles en faveur de citoyens ou d'ha- « bitants du pays où ils sont situés. »

Le droit d'aubaine subsistait donc en partie, même alors, dans ceux des États où il était établi par les lois locales.

Ce dernier traité expira en 1809. Depuis lors, les droits des Français, comme ceux des Anglais et des autres étrangers qui ne sont pas protégés par un traité spécial, restent soumis à la législation particulière de chacun des États de l'Union, dans l'étendue de son territoire.

Lorsque éclata la guerre de l'indépendance américaine, un grand nombre de sujets anglais étaient propriétaires d'immeubles situés dans les colonies révoltées ; un égal nombre de citoyens de ces colonies se trouvaient aussi propriétaires fonciers en Angleterre.

Il eût été par trop rigoureux de leur appliquer, quant à leurs droits de propriété, la conséquence de la séparation des États-Unis et de la mère-patrie, de les réputer étrangers, de les dépouiller par le droit d'aubaine.

Le traité d'amitié et de commerce conclu entre les États-Unis et l'Angleterre, le 19 novembre 1794, stipula que ni eux, ni leurs ayant cause ne pourraient être réputés étrangers en ce qui concerne leurs propriétés et les droits qui y sont attachés.

L'art. 10 de ce traité porte que « les sujets britanniques possesseurs de terres sises sur le territoire des États-Unis, et les citoyens américains qui ont des terres dans les domaines de S. M. B., continueront à les occuper suivant la nature et teneur de leurs propriétés et de leurs titres à la possession de ces terres.

« Ils pourront les donner, vendre, léguer, en tout ou en partie, à qui bon leur semblera, comme s'ils étaient natifs du pays, et ni eux, ni leurs héritiers ou ayant cause ne seront, en tant que cela concerne lesdites terres et les droits légaux à elles attachés, regardés comme étrangers. »

CHAPITRE VII.

TRAITÉS DIVERS EN VIGUEUR SUR LA MATIÈRE.

Plusieurs puissances étrangères ont essayé, par leurs traités avec le gouvernement fédéral, d'affranchir, au moins en partie, leurs nationaux du droit d'aubaine, là où il est encore en vigueur avec ou sans modifications.

Un seul de ces traités remplit complétement ce but; c'est celui du 12 décembre 1846, entre la Nouvelle-Grenade et les Etats-Unis.

L'art. 12 de ce traité accorde, aux sujets respectifs, de recueillir, posséder et disposer des biens meubles et *immeubles*, et *les héritiers, quoique absents, peuvent hériter en toute propriété*. En un mot. les citoyens et les étrangers sont complétement assimilés pour les droits de propriété.

Nous devons dire qu'il y a aux Etats-Unis fort peu de citoyens de la Nouvelle-Grenade.

Tous les autres traités, au sujet du droit des étrangers à acquérir et transmettre, sont, à l'exception de notre dernière convention, pour ainsi dire stéréotypés.

Les puissances qui ont ces traités avec les Etats-Unis sont, par ordre de date :

Tripoli.	Pérou-Bolivie.
Centro-Amérique.	États Sardes.
Villes Anséatiques.	Russie.
Prusse.	Chili.
Brésil.	Venezuela.

3

Équateur.
Portugal.
Chine.
Hanovre.
Oldenbourg et Mecklembourg-Schwerin.

Tous ces traités accordent aux nationaux respectifs :

1° Droit de disposer des meubles ;

2° Quant aux immeubles, ce droit dépend de la législation de l'Etat où ils sont situés ;

3° Cependant, là où les étrangers ne peuvent posséder, il sera accordé aux héritiers, non citoyens américains, un délai raisonnable pour vendre ces biens à leur profit.

Les deux premières dispositions ne sont précisément autre chose que le droit commun qui régit les étrangers à défaut de traité.

La troisième, fort simple et fort utile, en apparence du moins, ne l'est pas beaucoup plus, en fait, que les deux précédentes pour les nationaux qu'elle doit protéger.

Dans certains États nous avons vu qu'elle s'exécutait sans avoir été stipulée et par le seul effet des mœurs.

Pour les États où elle n'est pas passée dans les mœurs et où le droit d'aubaine est, au contraire, rigoureusement observé, cette clause ne peut s'exécuter qu'à la suite de longs et dispendieux procès.

D'ordinaire, en ce cas, les sujets des puissances qui ont avec les États-Unis des traités stipulant ces droits, ne peuvent obtenir le montant de la succession échue que pour l'échanger contre le compte acquitté de leur avocat.

CHAPITRE VIII.

TRAITÉ DE 1853 ENTRE LA FRANCE ET LES ÉTATS-UNIS.

Dans notre dernier traité du 23 février 1853, fort important, au reste, à beaucoup d'autres égards, on a sagement renoncé aux phrases sonores, mais irréalisables, pour s'attacher au possible.

Il stipule que nos nationaux ne pourront être frappés de taxes ou droits plus élevés que ceux payés par les Américains.

Il s'en réfère à la tendance si rapide de la législation à s'adoucir et met en demeure le gouvernement fédéral de l'accélérer de tout son pouvoir.

Nous terminerons en reproduisant le texte de l'art. 7 de notre traité, le seul relatif au sujet qui nous occupe (loi sur la propriété et les successions aux Etats-Unis, droit d'aubaine).

« Dans tous les Etats de l'Union, où les lois actuelles le « permettent, aussi longtemps que lesdites lois resteront en « vigueur et avec la même portée, les Français jouiront du « droit de posséder des biens meubles et immeubles, au « même titre et de la même manière que les citoyens des « Etats-Unis; ils pourront en disposer librement et sans ré- « serve, à titre gratuit ou onéreux, par donation, testament « ou autrement, comme les habitants eux-mêmes, et ne « seront, dans aucun cas, soumis à des droits de mutation, « de succession ou autres, différents de ceux payés par ces « derniers, ou à des taxes qui ne leur seraient pas également « imposées.

« Quant aux États de l'Union dont la législation actuelle ne « permet pas aux étrangers de posséder des biens immeu- « bles, le président s'engage à leur recommander de passer « les lois nécessaires pour leur conférer ce droit.

« De même, et en réservant toutefois la faculté d'appliquer « ultérieurement la réciprocité en matière de possession et « de succession, le gouvernement français reconnaît aux ci- « toyens des Etats-Unis le droit de jouir en France, en « matière de propriété mobilière, immobilière et de succes- « sion, du traitement identique dont jouissent en France, en « matière pareille, les citoyens français. »

(Art. 7, *Convention consulaire entre la France et les Etats-Unis*, 23 février—11 septembre 1853.)

Nous avons déjà vu que ce traité n'était pas resté une lettre morte.

DEUXIÈME PARTIE.

LOIS SUR LES SUCCESSIONS.

CHAPITRE IX.

BASES DE LA LÉGISLATION SUR LES SUCCESSIONS.

Après avoir examiné quels sont les droits des étrangers, il faut s'occuper du moment où, par la mort de celui qui en était investi, ces droits doivent passer à une autre personne;

Nous nous trouvons en présence des lois sur les successions.

Ce chapitre renfermera les bases de la législation sur les successions.

Le chapitre X indiquera les règles pour l'administration et la répétition des successions vacantes ou présumées telles.

Le dernier chapitre de cette partie sera consacré à l'importante matière des lois de succession, à l'égard des enfants naturels; il traitera des conditions exigées pour leur légitimation.

Avant l'indépendance des États-Unis, les lois anglaises, sur les substitutions et le droit d'aînesse, formaient la législation suivie en Amérique.

Cette législation n'avait pas tardé à produire, pour les colonies américaines, des résultats analogues à ceux qu'elle a donnés dans la mère-patrie.

Jefferson, qui devait être le promoteur de l'abolition des substitutions dans l'Etat de Virginie, trace, en ses mémoires, le tableau des effets que leur usage excessif avait produits pour cette colonie.

Dans les premiers temps de l'établissement des Anglais en Virginie, dit-il, quand on obtenait des terres pour peu de chose, ou même pour rien, des pères de famille avaient acquis de grandes concessions, et, désirant maintenir la splendeur de leur famille, avaient substitué leurs biens à leurs descendants.

De là, s'était formé un ordre de patriciens maîtres des grandes fortunes, et parmi lesquels les rois choisissaient d'ordinaire leurs conseillers d'État.

Les substitutions ne pouvaient convenir longtemps à l'esprit d'entreprise et aux instincts démocratiques des Américains.

La Virginie, au sein de laquelle les substitutions avaient été mises en usage sur une aussi large échelle, donna le signal de leur abolition. Elle n'attendit même pas la déclaration d'indépendance.

Dès 1776, les substitutions proprement dites furent abolies, en Virginie, sur la motion de Jefferson, auquel était réservé l'honneur de devenir le troisième président de la Confédération américaine, après Washington et John Adams.

Depuis la reconnaissance de l'indépendance des États-Unis, les substitutions proprement dites furent successivement abolies dans les États de New-York, Caroline du Nord, Kentucky, Tennessee, Géorgie et Missouri.

Dans les Etats de Vermont, Caroline du Sud, Indiana, Illinois et Louisiane, les substitutions n'avaient jamais été en usage.

Les autres Etats ont conservé la législation anglaise, relativement aux substitutions.

Mais ils se sont efforcés de lui ôter son caractère aristocratique, et d'en rendre les effets moins fâcheux pour la libre circulation des biens.

Le droit d'aînesse et les principales dispositions de la loi anglaise, sur le partage des successions, ne survécurent point à l'abolition des lois en faveur des substitutions.

Mais, à la différence de ces dernières, ils sont, aujourd'hui, rejetés par tous les Etats de l'Union américaine.

Si la Virginie avait eu l'initiative de l'abolition des substitutions proprement dites, ce fut l'Etat de New-York qui rejeta le premier le droit d'aînesse.

Le partage égal des successions, entre héritiers de même degré, sans distinction de sexe ni de primogéniture, fut prescrit pour la première fois, dans l'Etat de New-York, par un statut du 23 février 1786.

C'était l'année où cet Etat suivait l'exemple que la Virginie lui avait donné, dix ans auparavant, en abolissant les substitutions.

Cette règle, destinée à devenir le droit commun aux Etats-Unis, fut maintenue dans les statuts révisés de l'Etat de New-York.

Si l'abolition du droit d'aînesse et du partage inégal avait été plus tardive que celle des substitutions, elle fut beaucoup plus générale.

Aujourd'hui, la règle du partage égal est universellement adoptée dans tous les Etats de l'Union américaine, à l'exception du *Vermont* où l'héritier mâle prend double part.

Lorsqu'un homme meurt *intestat*, sa succession est recueillie par l'héritier ou l'héritière du degré le plus proche.

S'il existe plusieurs héritiers du même degré, la succession se partage également entre eux, sans distinction de sexe ou de primogéniture.

Mais les lois américaines ne partagent également la succession, qu'au cas où la volonté du défunt n'est point connue; elle laisse au testateur toute latitude pour régler le partage de sa fortune.

« Chaque homme, » disent les statuts révisés de l'Etat de New-York, suivis en cette matière dans les autres Etats de l'Union, « a pleine liberté de disposer de ses biens par testa« ment, de les léguer ou de les diviser. »

C'est ainsi qu'en matière de succession, les législations américaines tiennent une sorte de milieu entre la loi anglaise et la loi française.

La loi anglaise est essentiellement favorable aux substitutions et au droit d'aînesse.

La loi française n'autorise les substitutions que dans des cas extrêmement limités. Elle ne permet au testateur de s'écarter de la règle du partage égal que dans les bornes de la quotité disponible.

La plupart des Etats de l'Union américaine admettent les substitutions, et se contentent d'en limiter les effets. Tous laissent au testateur pleine liberté de s'écarter de la règle du partage égal, prescrite pour le cas de successions *ab intestat.*

CHAPITRE X.

ADMINISTRATION DES SUCCESSIONS ÉCHUES AUX ÉTRANGERS.

C'est aux héritiers naturalisés, simplement résidants, ou même non résidants, selon la loi locale (nous savons que la Louisiane, la Floride, la Californie et le Michigan ont presque seuls assimilé entièrement l'étranger au citoyen), à se pourvoir, auprès du *surrogate* de l'Etat, pour être mis en possession de l'héritage, soit par droit de succession légitime, soit en vertu de l'homologation d'un testament.

Lorsqu'une succession est vacante, personne ne se présentant pour la recueillir conformément aux règles, le *public administrator*, officier public nommé *ad hoc*, se saisit des objets qui la composent.

Il doit, ensuite, se pourvoir auprès du surrogate pour obtenir des lettres d'administration.

Lorsque l'individu décédé est connu pour étranger, dans la plupart des États, le public administrator donne avis, mais à terme assez court, au consul de la nation à laquelle appartient cet individu, du jour où il requerra du *surrogate* les lettres d'administration.

Quand il a obtenu les lettres d'administration, le public administrator perçoit, outre des frais, dix pour cent du montant de la succession (c'est quelque chose d'analogue à notre ancien droit de distraction), et devient *individuellement* responsable de son administration.

C'est ensuite aux héritiers, admis à succéder, bien entendu

par la loi de l'Etat, à attaquer en justice, pour recouvrer les biens compris dans la succession, le public administrator, par eux-mêmes ou leur fondé de procuration spéciale.

Le public administrator a-t-il été remplacé dans l'intervalle, ce sera lui-même qu'il faudra individuellement attaquer en justice, ses successeurs n'étant pas dépositaires du montant des successions qu'il a recueillies, ni responsables de la suite de son administration.

Mais ici, encore, nous éprouvons déjà les bienfaisants effets de notre convention de 1853 avec les Etats-Unis.

Un jugement de la Cour suprême de la Nouvelle-Orléans exonère les successions dévolues, en Louisiane, aux nationaux français, du droit de 10 p. 0/0, qui les frappait comme tout héritier ou légataire étranger.

Ce jugement, rendu le 7 mai 1855, se base sur la convention avec la France.

CHAPITRE XI.

DES LOIS RELATIVES AUX ENFANTS NATURELS.

La loi anglaise (common law), adoptée partout, sauf en Louisiane, mais modifiée dans plusieurs Etats, déclare illégitimes les enfants nés ou conçus :

1° Avant le mariage ;

2° Durant le mariage, lorsqu'il y a eu impossibilité, non définie légalement, que le mari en soit le père.

La loi de la Louisiane déclare illégitimes les enfants nés d'une union illicite, hors mariage.

Les enfants illégitimes, dont les parents auraient pu se marier ensemble lors de la conception, sont seulement illégitimes ; les autres, adultérins ou incestueux.

Les premiers peuvent seuls être légitimés, lorsqu'ils ont été reconnus avant le mariage subséquent de leurs père et mère ou dans l'acte du mariage.

D'après la loi anglaise, ces enfants ne sont pas légitimés de plein droit par le mariage subséquent ou par une adoption.

Il faut, en Angleterre, un acte du parlement ; aux Etats-Unis, un acte de législation.

D'après cette loi anglaise, considéré comme fils *nullius*, l'enfant illégitime ne peut hériter de personne.

S'il meurt sans postérité, *ab intestat*, ses biens vont à l'Etat.

Les Etats de l'Union ont fait les modifications suivantes à la loi anglaise :

New-York. — Les biens de l'enfant naturel mort sans postérité, *ab intestat*, passent à la mère, et, à défaut, aux parents de la mère.

(*Statuts révisés*, page 753, vol. I.)

Connecticut. — L'enfant naturel hérite de sa mère et des enfants illégitimes de sa mère.

Caroline du Nord. — Les enfants illégitimes d'une mère héritent les uns des autres, mais la mère n'hérite pas d'eux.

Le père putatif peut légitimer, au moyen d'une décision de la cour du district, lorsqu'il est marié à la mère, ou que celle-ci est morte, absente ou mariée à un autre.

(*Statuts révisés*, p. 92.)

Alabama. — La légitimation est de droit par suite du mariage subséquent.

Le père putatif peut légitimer, par une déclaration circonstanciée, devant le greffier du comté.

(*Digeste de Akin*, p. 77.)

Géorgie. — Les enfants illégitimes héritent de leur mère à défaut d'enfants légitimes ; ils héritent des autres enfants de leur mère.

(*Statuts révisés*, 1816.)

Indiana. — Les enfants illégitimes héritent de leur mère comme les légitimes et en concurrence.

Le mari légitime l'enfant de la femme qu'il épouse en s'en déclarant le père.

(*Statuts révisés*, p. 235.)

Kentucky. — Les enfants illégitimes ont les mêmes droits que les légitimes pour la succession de leur mère.

La légitimation s'opère de plein droit par le mariage subséquent.

(*Digeste.*)

Maine. — Les enfants illégitimes héritent comme les légitimes :

1° De leur mère ;

2° Du père, si celui-ci les a reconnus par écrit devant un témoin.

Sont légitimes tous les enfants dont les père et mère ont, après leur mariage, d'autres enfants l'un de l'autre.

(*Statuts révisés.*)

Massachussets et Michigan. — Les enfants illégitimes héritent :

1° De leur mère ;

2° Du père, lorsqu'en se mariant avec la mère il les a déclarés ses enfants.

Ils ne peuvent hériter d'autres personnes par représentation de leurs père et mère.

A défaut de reconnaissance, la mère hérite des enfants illégitimes.

(*Statuts révisés.*)

Mississipi et Illinois. — La légitimation est de droit, par suite du mariage subséquent.

(*Statuts révisés.*)

Missouri. — La légitimation est de droit, par suite du mariage subséquent, et sauf la déclaration de paternité.

Les enfants illégitimes héritent de leur mère.

(*Acte* du 11 février 1835.)

Ohio et Virginie. — La jurisprudence est la même.

(*Acte* de 1831 et *Code révisé.*)

Vermont. — Même jurisprudence.

Il y a de plus, dans cet État, un troisième moyen de légitimation, outre le mariage subséquent et l'adoption ordinaire. C'est l'adoption, par le père putatif, devant le greffier du comté et trois témoins; en ce cas, l'enfant peut répudier cette adoption dans l'année qui suivra sa majorité.

(*Statuts révisés.*)

Tennessee. — La légitimation a lieu, par requête, à la Cour du district.

(*Acte* de 1805.)

Dans l'Etat de Louisiane, le Code civil se rapproche beaucoup de celui de France.

L'époux survivant et l'enfant naturel sont successeurs irréguliers.

L'enfant illégitime hérite de sa mère, à défaut d'enfants légitimes; s'il existe des enfants légitimes, il n'a droit qu'à des aliments.

Vis-à-vis du père, la législation est la même, sauf que l'enfant naturel ne vient qu'après tous les autres successibles et avant l'Etat.

Les enfants adultérins ou incestueux n'ont que des aliments.

Les illégitimes n'ont aucun droit à la succession des parents de leurs père et mère.

La succession des enfants illégitimes passe à leurs père et mère, s'ils les ont reconnus; à défaut, à leurs frères et neveux.

L'enfant naturel vient après l'épouse dans la succession de l'époux; mais avant l'époux dans celle de l'épouse.

Il doit être envoyé en possession par le jury de la paroisse; les parents qu'il exclut sont représentés devant ce juge.

Il hérite du père à défaut d'héritier; l'inventaire est dressé; un curateur est nommé, et, pendant trois ans, les deux tiers des biens sont retenus comme cautionnement.

Durant ce laps de temps, ni l'enfant naturel, ni l'époux survivant ne peuvent aliéner des immeubles ou esclaves, à moins d'urgence reconnue (art. 911-927).

TROISIÈME PARTIE.

PRESCRIPTION.

CHAPITRE XII.

LAPS DE TEMPS ACCORDÉ PAR LES LOIS DES ÉTATS-UNIS, DURANT LEQUEL LES HÉRITIERS D'UNE PERSONNE DÉCÉDÉE DANS CE PAYS DOIVENT FAIRE VALOIR LEURS DROITS A SA SUCCESSION MOBILIÈRE OU IMMOBILIÈRE.

(*Lois sur la limitation*.)

Il n'y a pas de loi commune sur la prescription.

Les lois particulières de chaque Etat distinguent, en général, entre les actions réelles immobilières et les actions personnelles.

Elles règlent, ainsi qu'il suit, le temps nécessaire à la prescription.

L'Etat d'*Alabama* fixe la durée de la prescription à trente ans pour les actions réelles, et à six ans pour les actions personnelles.

Dans l'Etat d'*Arkansas*, la prescription, limitée à dix ans pour les actions réelles, et à trois ans pour les actions personnelles, ne court point contre les mineurs, interdits, femmes mariées, ou absents dudit Etat. Ces diverses personnes peuvent agir utilement, pendant cinq ans, à compter du moment où a cessé leur incapacité.

Dans le *Connecticut*, la prescription a lieu au bout de quinze ans pour les actions réelles, et de six ans pour les actions personnelles. Les mineurs, interdits, femmes mariées ou absents de l'état local peuvent toujours agir utilement, pour les actions réelles, pendant cinq ans après la cessation de leur incapacité; pour les actions personnelles, pendant trois ans seulement.

L'Etat de *Delaware* a réglé la durée de la prescription à vingt ans pour les actions réelles, à trois ans pour les actions personnelles. Les mineurs interdits, femmes mariées, et les prisonniers n'ont, pour agir, qu'une seule année à partir de l'époque de leur capacité.

La *Géorgie* fixe la prescription à sept ans en matière d'actions réelles, et à six ans en matière d'actions personnelles.

Elle excepte, des effets de la prescription, les mêmes personnes que le *Delaware*, et de plus les absents.

Dans l'*Illinois*, la prescription de vingt ans pour les actions réelles, de cinq ans pour les actions personnelles, ne court contre les mineurs, interdits, femmes mariées ou absents que du jour de leur capacité.

L'*Indiana* a adopté la même durée de la prescription que l'*Illinois;* mais il n'affranchit des effets de la prescription, les mineurs, interdits, femmes mariées ou absents qu'en matière réelle; il ne leur accorde, pour agir, que cinq ans à compter de leur capacité.

Dans le *Kentucky*, la prescription de trente ans en matière réelle, de cinq ans en matière personnelle, ne peut être opposée aux mineurs, interdits, femmes mariées ou prisonniers, que trois ans après leur capacité.

Le Code de la *Louisiane* fixe la durée de la prescription à trente ans en matière réelle; en matière personnelle, la prescription s'opère par dix ans entre présents, et par vingt ans seulement entre absents.

Le *Maine* a établi la prescription de vingt ans pour les actions réelles, et celle de six ans pour les actions personnelles.

La longue prescription de soixante ans exigée dans le *Ma-*

ryland pour les actions réelles, comme celle de six ans pour les actions personnelles, ne peuvent être opposées aux mineurs interdits, femmes mariées ou prisonniers.

Dans le *Mississipi*, la prescription a lieu au bout de vingt ans en matière réelle, et de six ans en matière personnelle.

Dans le *Michigan*, elle s'opère au bout de vingt-cinq ans dans le premier cas, de six ans dans le second. Sont exemptés des effets de la prescription les mineurs, interdits, femmes mariées et les absents de la Confédération américaine, pendant dix ans à compter de leur capacité.

Dans le *Massachussets*, la prescription de six à dix ans en matière personnelle ne peut être opposée aux mineurs, interdits, femmes mariées ou absents hors du territoire des Etats-Unis.

Nous n'avons trouvé aucun texte fixant un laps de temps pour la prescription en matière réelle.

Le *Missouri* fixe la durée de la prescription à vingt ans en matière réelle, à six ans en matière personnelle. Il excepte les mêmes incapables que le Massachussets.

Il en est de même dans l'Etat de *New-Jersey*, mais seulement en matière réelle, où la prescription a lieu au bout de trente ans; aucune exception n'est admise quant à la prescription de six ans en matière personnelle.

Dans l'Etat de *New-York*, les actions personnelles se prescrivent par six ans, les actions réelles par vingt ans. Les exceptions sont les mêmes que dans le Massachussets, sauf que le seul absent admis à en profiter est l'individu qui se trouve au-delà des mers.

Les deux Etats de la *Caroline du Sud* et du *Tennessee* ont réduit la prescription à cinq ans en matière réelle, à un an en matière personnelle. Ils exemptent des effets de la prescription les mineurs, interdits, femmes mariées ou absents au-delà des mers; ils leur accordent, pour agir, trois ans à partir de leur capacité.

La *Caroline du Nord* fixe la prescription à sept ans en matière réelle, à trois ans en matière personnelle. La prescription ne peut être opposée aux absents au-delà des mers; et, en outre, mais seulement pour les actions réelles, aux mineurs, interdits ou femmes mariées.

L'*Ohio* a établi la prescription de vingt-un ans en matière réelle, de six ans en matière personnelle. Il admet les mêmes exceptions que la Caroline du Nord.

L'Etat de *Rhode-Island* fixe vingt ans pour les actions réelles et six ans pour les actions personnelles.
Il excepte des effets de la prescription les mêmes personnes que la *Caroline du Nord*, mais leur permet d'agir utilement pendant dix ans après leur capacité.

La *Pensylvanie* ne permet pas d'opposer aux mineurs, interdits, femmes mariées ou prisonniers, sa prescription de vingt-un ans en matière réelle, et de dix ans en matière personnelle.

La *Virginie* établit, selon les circonstances, différente prescriptions de vingt, trente, quarante ou cinquante ans.

Enfin le *Vermont* a admis la prescription de quinze ans pour les actions réelles, et celle de six ans pour les actions personnelles. Ces prescriptions ne peuvent être opposées à une personne qui est absente ou sujette d'une puissance en guerre avec les Etats-Unis.

REMARQUES.

1° Pour suspendre la prescription, l'incapacité doit exister au moment où se produit la cause qui donne lieu à l'action.

L'incapacité survenue postérieurement ne suspend pas le cours de la prescription.

2° La possession doit être fondée sur un titre, quoique imparfait, sauf dans quelques États.

QUATRIÈME PARTIE.

ORGANISATION JUDICIAIRE.

CHAPITRE XIII.

POUVOIR JUDICIAIRE.

M. de Tocqueville disait qu'aucune nation du monde n'avait constitué le pouvoir judiciaire de la même manière que les Américains ; et ce qu'un étranger comprend avec le plus de peine aux États-Unis, c'est l'organisation judiciaire.

Il n'y a pas d'événement politique où l'autorité des juges ne soit invoquée.

Et cependant, on ne voit d'abord, dans la constitution des tribunaux, que des habitudes et des attributions judiciaires.

Le magistrat ne semble s'immiscer, dans les affaires publiques, que par un hasard se reproduisant chaque jour.

Quels sont donc les caractères donnés, dans l'union, au pouvoir judiciaire.

Les Américains ont conservé ses trois caractères distinctifs au pouvoir judiciaire.

Le juge ne peut prononcer que lorsqu'il y a litige. Il ne s'occupe jamais que d'un cas particulier; et, pour agir, il doit attendre qu'il soit saisi.

Mais les Américains ont donné, en outre, aux juges, le droit de fonder leurs arrêts sur la Constitution plutôt que sur les lois.

La constitution, les lois fédérales, et les traités forment la loi suprême des Etats-Unis ; les lois des Etats en opposition sont nulles ; les juges apprécient la constitutionnalité des lois.

Dans la sphère d'action tracée au pouvoir judiciaire par les caractères que nous venons de signaler, celles des lois qui paraîtraient contraires à la constitution fédérale peuvent ne pas être appliquées.

Le juge ne saurait donc, *à priori*, déclarer, d'une manière générale, que telle loi est inconstitutionnelle et qu'il ne l'appliquera pas. Il aurait alors un véritable pouvoir législatif.

Mais, lorsqu'il est saisi d'un procès, il peut refuser d'appliquer, au jugement de ce cas particulier, telle loi.

Tous ceux que cette loi lésait, avertis qu'il y a un moyen de s'y soustraire, multiplieront les procès dans ce but.

En fait, la loi tombe dans l'impuissance, jusqu'à ce que la législature l'ait rapportée.

Le magistrat ne juge la loi que parce qu'il ne peut éviter de régler un procès.

Le procès fait à la loi est ainsi lié au procès fait à un particulier; et l'intérêt individuel est chargé de provoquer la censure des lois.

Il en résulte que le pouvoir législatif est moins légèrement attaqué.

On comprend toute l'étendue du pouvoir judiciaire créé par les Américains.

La puissance judiciaire est concentrée dans un seul tribunal appelé Cour suprême des Etats-Unis.

Pour faciliter l'expédition des affaires, on lui adjoignit des tribunaux inférieurs chargés de juger sommairement les causes peu importantes, et, en première instance, les contestations plus graves.

Parallèlement à ces derniers tribunaux, existent, avec une organisation non uniforme, les nombreux tribunaux des divers états locaux.

Les tribunaux fédéraux, et, à leur tête, la Cour suprême, sont chargés d'appliquer les lois de l'Union et de décider certaines questions d'intérêt général définies d'avance.

La juridiction des cours fédérales est fondée sur la personne ou sur la matière du litige.

Le pouvoir judiciaire fédéral connaît :

1° De toutes les causes qui, *en matière de loi ou d'équité*, lèvent des lois fédérales des Etats-Unis et des traités ;

2° De toutes les causes qui intéressent des agents diplomatiques étrangers;

3° Des causes de juridiction maritime;

4° De toutes celles où l'Union est partie;

5° Des procès entre un Etat ou des citoyens d'un Etat d'une part; et, d'autre part, un autre Etat, des citoyens d'autres Etats, ou enfin une puissance étrangère ou les sujets de cette puissance.

Les conflits de compétence doivent, on le comprend, être fort nombreux; mais la Cour suprême des Etats-Unis, et, par suite, le pouvoir judiciaire fédéral, a droit de décider toutes les questions de compétence.

Pour rendre ces procès de compétence moins fréquents, on a établi que, dans beaucoup de procès fédéraux, les tribunaux des Etats particuliers auraient droit de prononcer concurremment avec les tribunaux de l'Union; mais la partie condamnée peut toujours, alors, en appeler devant la Cour suprême des Etats-Unis.

L'organisation des tribunaux fédéraux est assez simple.

On divisa l'Union en districts; dans chaque district (il y en a aujourd'hui trente-cinq) est placé, à demeure, un juge fédéral inamovible qui préside la cour nommée cour du district (*district-court*).

La cour de district juge :

1° Sans appel, les causes civiles les moins importantes;

2° En première instance, les causes plus importantes;

3° Au criminel, elle connaît des crimes commis dans sa circonscription, dont la peine est expressément désignée comme d'un degré inférieur, et a été encourue pour violation des lois de l'Union.

De plus, l'Union a été divisée en un petit nombre de circuits (neuf aujourd'hui); et chacun des juges composant la Cour suprême doit parcourir, deux fois par an, le circuit qui lui est affecté, pour présider, sur les lieux, une cour dite de circuit (*circuit-court*).

Cette cour prononce :

1° En premier ressort, sur certaines causes qui lui sont expressément réservées;

2° En deuxième ressort, par voie d'appel, sur les jugements en premier ressort des cours de district ;

3° Egalement en deuxième ressort, dans certains cas expressément déterminés, sur des jugements, soit de la cour de district non sujets à appel, soit d'une cour d'état local.

Mais, dans ce dernier cas, elle agit par la voie du *writ of error*, dont on se sert pour attaquer les jugements définitifs qui ne sont plus susceptibles de réformation par les voies ordinaires.

Les décisions en matière criminelle ne sont susceptibles de réformation, ni par appel, ni par *writ of error*.

Enfin, la Cour suprême juge les affaires les plus graves, soit directement, dans des cas expressément réservés, soit par voie d'appel ou de *writ of error*.

Hors les cas exclus, toute affaire de la compétence des tribunaux fédéraux est sujette à appel devant la Cour suprême.

Pour former cette cour, les juges de circuit se réunissent, une fois par an, en séance solennelle.

Dans les territoires qui, n'ayant pas encore 60,000 âmes, ne sont pas érigés en Etat, mais administrés par le gouvernement central, les cours de district et de circuit sont remplacées, sauf quelques restrictions, par une cour unique dite Cour supérieure.

La Cour suprême est chargée de l'interprétation des lois et des traités, de toutes les questions du droit des gens, entre autres des affaires de commerce maritime.

Son rôle est de faire exécuter les lois de l'Union dans les rapports du gouvernement et des gouvernés, de la nation et des étrangers; les rapports des citoyens entre eux étant presque tous fixés par les états locaux.

Sa constitution est toute judiciaire ; ses attributions pour la plupart politiques.

La Cour suprême, à la différence de notre Cour de cassation, juge :

1° Le fait comme e droit ;

2° Prononce elle-même sans renvoyer devant un autre tribunal.

Elle ne peut cependant remettre en question certains points établis devant la première juridiction.

La Cour suprême fédérale a la juridiction originelle dans les cas concernant des consuls, des ministres ou ambassadeurs, ou lorsqu'un Etat est partie (Constitution 1790, art. 3, sect. II).

Les tribunaux fédéraux, trop convaincus de la faiblesse du pouvoir au nom de qui ils agissent, abandonnent le droit de juridiction que la loi leur a donné plutôt que de le réclamer à tort.

Il n'y a donc pas danger de les ériger en juges de la *compétence* fédérale ou locale.

D'après un amendement à la constitution, le pouvoir judiciaire fédéral n'est plus compétent pour les procès entre un des Etats de l'Union et des citoyens d'un autre Etat.

Les tribunaux fédéraux sont compétents dans toutes les causes où les lois de l'Union sont invoquées ou attaquées, et dans celles qui naissent des lois particulières des Etats contraires à la constitution.

Parmi celles-ci, il y a les lois qui, contrairement à la constitution, détruisent ou altèrent l'effet des contrats.

Une concession, une charte, accordées par un Etat et acceptées par des particuliers, sont des contrats.

Une propriété non obtenue par contrat est un droit acquis, mais la juridiction fédérale ne la protége pas.

Toute loi qui change l'intention des parties, telle qu'elle résulte d'un contrat, altère ce dernier.

La constitution s'attache à ne placer devant les tribunaux fédéraux que des individus et non des Etats.

Lors même qu'un Etat local viole les droits de l'Union, par exemple, en vendant à un nouvel acquéreur une terre déjà vendue, ce sera le nouvel acquéreur et non l'Etat local que le premier possesseur actionnera devant les tribunaux fédéraux.

Les lois des Etats locaux ne sont donc attaquées qu'indirectement.

Le seul cas où l'Union juge *un Etat*, c'est lorsqu'il s'agit d'un procès où cet Etat est partie, ce qui n'arrive que dans les deux cas suivants :

1o Lorsqu'un Etat local est demandeur ;

2° Lorsqu'il est défendeur et que le demandeur est, soit un Etat de l'Union elle-même, soit une puissance étrangère.

La confédération ne formant qu'un seul peuple, le pouvoir fédéral, dans la limite de son action, par exemple pour une levée d'impôt, fait parvenir ses injonctions jusqu'au simple citoyen sans intermédiaire.

Les jugements rendus par les tribunaux étrangers sont réputés, en Amérique, constituer, à première vue, la preuve des droits sur lesquels ils prononcent. S'élève-t-il une nouvelle contestation, entre les mêmes parties, sur le même objet, ces jugements forment *exceptio rei judicatæ* contre la nouvelle demande.

Lorsqu'ils en sont requis, les tribunaux des Etats-Unis confirment les jugements étrangers, à moins que le défendeur ne prouve que ces jugements ont été irrégulièrement obtenus, qu'il y a eu fraude, que la partie condamnée ignorait l'instance, ou qu'enfin le jugement est basé sur une violation évidente de la loi locale ou étrangère.

C'est ainsi que Wheaton résume la jurisprudence des cours anglaises.

Cette jurisprudence est universellement adoptée par les cours américaines, avec cette seule exception qu'à la Louisiane, l'exécution des jugements étrangers n'est pas ordonnée lorsqu'ils ont été rendus par défaut.

CHAPITRE XIV.

JURIDICTION EN MATIÈRE DE LOIS ET D'ÉQUITÉ.

Aux Etats-Unis, l'administration de la justice présente une distinction empruntée à l'Angleterre et inconnue en France : la division en cours de la loi commune ou de la loi (*courts of common law* ou *courts of law*), et cours d'équité (*courts of equity*).

Un tribunal fédéral peut prononcer en matière d'équité comme en matière de loi commune.

La constitution l'investit, en effet, du droit de juger toutes les causes qui, *en matière de loi commune ou d'équité*, naissent des lois fédérales.

Un tribunal d'Etat local peut exercer une juridiction de la loi comme une juridiction d'équité.

La section III de l'acte de 1802, sur la naturalisation, dit en effet : « Toute cour d'enregistrement, *dans un des Etats de l'Union*, si elle a *le droit de juridiction de la loi commune,* » aura la même compétence, en cette matière, « que les cours de district ou de circuit *des Etats-Unis.* »

Si l'on rapproche les mots *toute cour dans un des Etats de l'Union* de ceux *les cours des Etats-Unis*, il devient évident que le législateur a voulu mettre en regard les cours d'un des Etats (locaux) de l'Union qui ont le droit de juridiction de la loi commune et les tribunaux fédéraux.

Autrement, sa phrase reviendrait à dire que les tribunaux fédéraux sont aussi compétents que les tribunaux fédéraux.

Etudions cette distinction nouvelle des causes en matière de loi et en matière d'équité.

Les cours de la loi jugent d'après les lois et coutumes constatées; leur juridiction a des bornes réglées.

Les cours d'équité ne sont pas aussi rigoureusement limitées.

Leur juridiction s'applique à tous les droits et intérêts de la nature la plus diverse.

Elle scrute la conscience des parties, ordonne les mesures préventives des dommages.

Elle peut reconnaître, comme valables et obligatoires, certaines conventions ou promesses qui seraient sans aucune force devant les cours de loi.

Par exemple, des biens ont-ils été transmis sous des conditions de pure confiance, l'inexécution de ces conditions peut donner lieu à une action, mais devant les cours d'équité seules.

On ne pouvait procéder, devant les cours d'équité, de la même manière que devant les cours de la loi commune.

Lorsque, dans une cause portée devant les tribunaux de la

loi, les faits sont contestés, la question est soumise à un jury.

En règle générale, la preuve n'y résulte pas de la déclaration des parties elles-mêmes, mais de celle de tiers n'ayant pas d'intérêt dans la cause, c'est-à-dire de la déposition des témoins.

Devant les cours d'équité, il n'y a pas de jury, on s'adresse à la conscience du défendeur, en le requérant de répondre, sous serment, aux faits articulés dans la demande.

Le défendeur peut être ainsi contraint de rendre compte de toutes les circonstances.

Les témoins servent seulement à confirmer ou réfuter les allégations.

Les cours d'équité ont juridiction dans tous les cas où, bien qu'il s'agisse de droits reconnus et protégés par la législation, les cours de la loi ne sont pas compétentes pour accorder une réparation complète et conforme aux droits du demandeur; mais là où elles pourraient accorder seulement une réparation douteuse, restreinte à ce qui résulte de la lettre du titre, ne compensant pas le préjudice éprouvé, n'assurant pas tous les droits de la partie.

La juridiction des cours d'équité concourt quelquefois avec celle des cours de la loi; quelquefois elle l'exclut, quelquefois enfin elle lui vient en aide en la complétant.

Les légistes américains ont ramené à cinq les règles sur la limitation de la juridiction d'équité.

1° Lorsqu'une loi a statué sur l'espèce, elle lie la cour d'équité.

En général, la cour suit, par analogie, les règles établies par les lois.

2° Si l'une et l'autre partie peuvent invoquer en leur faveur l'équité, la loi stricte prévaut.

3° Celui qui invoque l'équité, doit l'admettre à sa charge.

Par exemple, devant une cour d'équité, un emprunteur n'obtient réduction d'intérêts usuraires qu'en payant, au prêteur, ce qu'il doit de bonne foi.

4° L'équité exige l'égalité.

Ainsi, lorsque plusieurs personnes ont acheté diverses parcelles de terre grevées de dettes, toutes sont tenues, au marc le franc, du paiement des dettes.

5° Enfin l'équité exige que l'objet du procès reçoive une exécution pleine et entière, conforme à l'intention des partie et à la nature des choses.

CHAPITRE XV.

JURIDICTION COMMERCIALE.

Après avoir examiné la juridiction en matière d'équité, nous arrivons aux juridictions en matière de commerce.

Un trait commun rapproche ces deux matières.

Ni l'une ni l'autre n'admet l'intervention du jury, ainsi que nous le verrons au chapitre XVI, en étudiant le rôle que les Américains ont assigné à la grande institution du jury.

Au congrès, c'est-à-dire au gouvernement fédéral seul appartient le pouvoir de régler le commerce avec les nations étrangères, et celui de concéder des brevets d'invention ou des droits d'auteur.

Ces diverses matières sont placées dans les attributions du secrétaire d'Etat pour les affaires étrangères.

Le commerce, à l'intérieur de chaque État de l'Union, est régi, au contraire, par les lois particulières de cet Etat.

Mais le consentement du congrès est généralement nécessaire pour tout établissement de droits, soit de tonnage, soit d'importation ou d'exportation.

Il n'existe pas de tribunaux de commerce aux Etats-Unis.

Les contestations commerciales ou maritimes sont jugées, en premier ressort, par les tribunaux ordinaires des divers Etats de l'Union, sauf quelques exceptions.

La compétence est réservée à la cour fédérale de district :

1° Dans le cas de saisie de navires ou marchandises, en vertu des lois de revenus de l'Union;

2° Lorsque, dans une cause maritime civile, telle que loyer des matelots, engagement hypothécaire d'un navire ou sauvetage, l'action est intentée *in rem* contre le navire ou la marchandise.

Si l'action était, au contraire, dirigée *in personam* contre le propriétaire du navire ou de la marchandise, le tribunal local et la cour fédérale de district seraient l'un et l'autre compétents.

Enfin la juridiction est réservée à la cour fédérale de circuit :

1° Dans toute action dont l'objet vaut plus de 500 dollars ;

2° Dans les cas où les lois fédérales ont formellement attribué la compétence à la cour de circuit.

Telles sont les questions si intéressantes des brevets d'invention et des droits d'auteur.

Les sources de droit commercial, d'après lesquelles les tribunaux locaux ou fédéraux jugent, chacun dans leur ressort, sont :

1° La loi non écrite ou coutumière qui tire son origine de la loi commune d'Angleterre ;

2° Les actes législatifs du congrès ;

3° Les statuts des divers Etats locaux ;

4° Les précédents de la Cour d'amirauté d'Angleterre pour les contestations maritimes.

Enfin la jurisprudence anglaise peut être citée devant les tribunaux comme raison écrite.

CHAPITRE XVI.

JURY.

Pour terminer ce rapide exposé de l'organisation judiciaire, il nous reste à examiner la composition du jury, son rôle en matière civile et ses attributions en matière criminelle.

En Amérique, tous les citoyens électeurs sont éligibles et jurés.

L'Etat de New-York, seul, a établi une légère différence

entre les deux capacités ; il admet moins de jurés que d'électeurs.

Chaque année, un corps de magistrats électifs choisit, dans chaque canton, un certain nombre de citoyens capables d'être jurés ; des pouvoirs fort étendus leur permettent d'écarter les jurés indignes ou incapables.

Dans la totalité des noms portés sur les listes ainsi dressées, la cour du comté tire au sort le jury qui doit connaître de chaque affaire.

La législation fédérale a établi, devant les tribunaux fédéraux, le jury en matière criminelle et en matière civile, à l'exemple des Etats locaux qui l'avaient introduit devant leurs cours particulières.

Au civil, le jury est appelé à juger, devant les cours de district et de circuit, toutes les contestations qui doivent être décidées d'après la loi commune, pourvu que la valeur de l'objet en litige atteigne 20 dollars (108 francs).

En matière d'équité, d'amirauté ou de juridiction maritime, les causes sont jugées sans jury. Dans ces matières, le fait et le droit peuvent être de nouveau discutés en appel.

Il n'y a pas de jury devant la Cour suprême.

Pour les causes qui ont été jugées par le jury, la Cour suprême, saisie en appel, apprécie, bien, de nouveau, le fait et le droit.

Mais elle ne peut discuter les faits qui ont déjà été appréciés par le jury et sur lesquels il y a un verdict définitif.

Du reste, en matière civile, les jurés n'échappent jamais au contrôle du juge.

Leur verdict, au civil comme au criminel, comprend, il est vrai, au moins en général, le fait et le droit dans une même énonciation.

Mais, en matière civile, ce verdict n'a pas l'infaillibilité dont il jouit en matière criminelle.

Si le juge pense que le verdict a fait une fausse application de la loi, il peut renvoyer les jurés délibérer de nouveau.

Lors même que le juge a laissé passer le verdict, il y a encore, entre autres voies de recours contre l'arrêt, la possibilité de demander à la justice l'annulation du verdict et la convocation d'un nouveau jury. Il est vrai qu'on accorde rarement cette annulation.

Enfin, même pour les matières civiles dans lesquelles existe le jury, il est des cas où les juges ont droit de prononcer seuls.

C'est ainsi que les juges fédéraux tranchent, presque toujours exclusivement, les questions qui touchent de trop près au gouvernement du pays.

En matière criminelle il existe deux espèces de jury :

1° Le grand jury appelé à statuer sur la mise en accusation;

2° Le petit jury ou jury de jugement qui prononce sur la culpabilité de l'accusé.

Le grand jury, ou jury de mise en accusation, peut être saisi, soit par la voie du *presentment*, soit par celle de l'*indictment*.

Dans le cas d'un presentment, l'initiative de l'accusation émane du jury; seulement le fonctionnaire spécial du gouvernement (l'attorney général), près du tribunal, doit formuler un acte d'accusation en règle, avant que l'accusé puisse être tenu de se défendre.

Dans le cas d'un indictment, l'attorney général présente d'avance, au grand jury, un acte d'accusation tout formulé.

Le prévenu n'assiste pas à cette première phase du procès.

La mise en accusation une fois prononcée par le grand jury, le prévenu est jugé, par le petit jury, dans celui des Etats locaux où le fait incriminé a été commis.

Devant le petit jury, le prévenu jouit d'un droit de récusation très étendu.

Il peut récuser, d'abord, un certain nombre de jurés sans motiver ses récusations;

Il a le droit, ensuite, de récuser des jurés au-delà de ce nombre, en faisant approuver, par la cour, le motif de sa récusation.

Un accusé ne peut être poursuivi de nouveau, pour un délit

qui compromettrait sa vie, lorsque le jury de jugement l'a déclaré par son verdict coupable ou innocent.

Il en serait autrement si ce verdict venait à être annulé et la révision du procès obtenue pour violation de lois et de formes essentielles.

CHAPITRE XVII.

COMPÉTENCE A L'ÉGARD DES ÉTRANGERS.

L'administration de la justice intéresse les Etats ou individus étrangers comme les citoyens ; les premiers ont moins de moyens pour faire redresser leurs griefs.

La nécessité de tribunaux fédéraux s'est fait bientôt sentir.

Sous la confédération, où les tribunaux fédéraux n'avaient qu'à connaître les appels portés en certaines matières contre les décisions des tribunaux locaux (par exemple en matière de prises), leurs décisions n'étaient pas exécutées.

Ainsi les dispositions des traités du congrès avec les gouvernements étrangers étaient éludées par les tribunaux locaux.

La guerre faillit quelquefois s'ensuivre, et les dispositions sur la dette consentie à l'Angleterre par le traité de 1783 ne furent exécutées qu'après que la nouvelle constitution eût organisé la juridiction fédérale.

Les contestations où un étranger est intéressé sont sujettes à des règles toutes spéciales de juridiction.

Nous avons vu, au chapitre XIII, que les tribunaux fédéraux avaient dans leur compétence les contestations entre un Etat ou les citoyens de cet Etat, d'une part ; et, d'autre part, des Etats ou citoyens étrangers.

On comprend facilement l'intérêt de l'Union américaine à soumettre, au pouvoir judiciaire fédéral, toutes les causes où un étranger est partie.

La paix de l'Union américaine ne pouvait être laissée à la merci de chacun des Etats qui la composent.

L'Union est, sans aucun doute, responsable envers les puissances étrangères de la conduite de ses membres.

Cette responsabilité doit être accompagnée du pouvoir de prévenir le mal.

Les dénis de justice ou les décisions injustes rendues par les tribunaux sont, avec raison, rangés parmi les causes légitimes de guerre; on a, donc, justement donné, au pouvoir judiciaire fédéral, le droit de connaître de toutes les contestations dans lesquelles les citoyens de pays étrangers se trouvent intéressés.

Cette disposition n'est pas moins importante, pour maintenir la foi publique et le respect du droit international, que pour garantir la sûreté et la tranquillité générale des Etats-Unis.

Des légistes américains se sont demandé si on aurait pu distinguer entre les contestations qui portent sur des traités ou lois internationales, et celles qui portent uniquement sur les lois municipales ou intérieures des Etats-Unis; attribuer aux tribunaux fédéraux juridiction sur les premières et aux tribunaux d'Etat local juridiction sur les dernières.

Mais il faut se demander si une sentence injuste, dans une affaire relative seulement à la loi municipale ou locale, ne sera pas le plus souvent regardée par la puissance dont le sujet est lésé comme un acte d'hostilité, de même que s'il s'agissait d'une contestation sur un traité;

En fait, il est, en outre, impossible d'établir une distinction certaine entre ces deux espèces de litiges.

Enfin, parmi les contestations qui intéressent des étrangers, le nombre de celles qui touchent aux questions internationales est si grand, que c'est avec sagesse qu'on a admis, pour toutes, la compétence des tribunaux fédéraux.

Tout étranger peut actionner, devant les tribunaux de l'Union, pourvu que l'autre partie soit un citoyen ou un Etat de l'Union.

Une corporation étrangère, établie en pays étranger, a les mêmes droits que l'individu étranger.

Les tribunaux fédéraux sont compétents pour toutes les contestations où un étranger est partie. On conçoit, d'après ce que nous avons vu au chapitre XIII, 1er livre, le concours fréquent de compétence des cours fédérales et des tribunaux d'Etat local et les nombreux conflits qui en découlent.

Il en résulte que l'étranger peut aussi, fort souvent, être amené devant les tribunaux de l'Etat local de son domicile, sauf, bien entendu, son droit d'appel devant la juridiction fédérale.

Cependant, dans les cas que nous allons énumérer et qui embrassent en définitive les contestations les plus importantes, soit par leur nature même, soit par la qualité de l'étranger, soit enfin par le montant de l'intérêt en litige, la juridiction est exclusivement réservée aux tribunaux fédéraux.

1° Lorsqu'un étranger réclame contre une infraction commise à la neutralité de l'Union, soit par une capture faite dans les limites de son territoire, soit par l'équipement, dans les ports de son territoire, de vaisseaux armés et alors que la propriété capturée est portée dans les Etats de l'Union ;

2° Lorsqu'un consul ou vice-consul étranger exerce une poursuite en réparation d'un tort essuyé, en haute mer par un de ses nationaux, de la part d'un citoyen de l'Union.

Dans les deux cas ci-dessus la juridiction originelle est dévolue aux cours fédérales de district.

Plus la matière offre d'importance, plus est élevé le tribunal auquel le législateur réserve la juridiction originelle.

Ce sera, d'abord, aux cours de circuit dans les espèces ci-après :

3° Lorsqu'un étranger intente une action contre un citoyen des Etats-Unis et que la valeur de l'objet en litige excède 500 dollars (2,705 fr.).

Toutefois pour les cas spécifiés dans les deux premiers numéros, la compétence originelle reste, quelle que soit la valeur en litige, aux cours de district.

4° Lorsqu'il s'agit d'une accusation criminelle pour violation soit des lois fédérales, soit des lois d'un Etat particulier, portée contre un consul ou vice-consul étranger.

Dans ces deux cas, l'importance de la cause a fait réserver la juridiction originelle aux cours fédérales de circuit.

5° Lorsqu'il s'agit de questions qui concernent les ministres ou agents diplomatiques étrangers, et qu'une intervention judiciaire est compatible avec le droit des gens.

6° Lorsqu'une puissance étrangère intente une action contre un citoyen de l'Union.

Les immenses conséquences que peut entraîner la solution de causes de cette nature ont fait réserver, à la Cour suprême fédérale elle-même, la juridiction originelle dans ces deux derniers cas.

FIN DU PREMIER LIVRE.

LIVRE II.

NATURALISATION.

PREMIÈRE PARTIE.

ANCIENNE LÉGISLATION.

CHAPITRE PREMIER.

LOIS LOCALES SUR LA NATURALISATION AVANT LA CONSTITUTION DE 1789, BASE DE LA LÉGISLATION ACTUELLE.

Dans les premiers temps de l'indépendance des États-Unis, et jusqu'à la constitution actuelle, c'est-à-dire jusqu'en 1789, les États locaux étaient souverains pour les lois sur la naturalisation.

Ainsi, dans toute cette période, que les publicistes américains appellent la Confédération, chacun des États fixait, sans contrôle, les conditions auxquelles l'étranger pouvait acquérir la qualité de citoyen américain, de la même manière qu'il fixait celles auxquelles l'étranger pouvait acquérir une parcelle de son territoire.

A cette époque, c'était, donc, dans les différentes législations locales qu'il fallait étudier, à la fois, les lois sur la naturalisation et celles sur la propriété, à l'égard des étrangers.

Sur la première comme sur la seconde matière, les législations des divers États étaient loin d'être semblables.

Il est logique, dans un gouvernement constitué sur les bases de celui des États-Unis, que chaque État règle souverainement les conditions auxquelles l'étranger peut devenir propriétaire de biens immobiliers.

Sa législation, bonne ou mauvaise, ne régit que les immeubles qui font partie de son propre territoire; en sorte que l'État local n'accorde à l'étranger qu'une chose renfermée dans les limites de sa souveraineté.

Il en était tout autrement des lois sur la naturalisation.

Les citoyens de chaque État ont toujours joui de tous les priviléges attachés au droit de cité dans tous les autres États.

Le citoyen d'un État de la Confédération est, par cela même, citoyen de chacun des autres États et de la Confédération elle-même.

Il en résultait, donc, qu'un seul État, en admettant dans son sein un étranger, pouvait lui donner le droit de citoyen dans toute l'Union.

Il avait, par conséquent, le pouvoir de naturaliser un étranger dans les autres États et cela, malgré ces derniers. Cet État disposait ainsi de ce qui ne lui appartenait pas, le droit de cité dans les autres fractions de l'Union.

Ce pouvoir, illégal en principe, injurieux dans son exercice, pouvait amener des résultats fâcheux par suite d'admissions contraires aux préjugés, aux intérêts, aux usages, à la politique des autres États et de la Confédération.

Dans quelques États, la simple résidence, pendant un temps assez court, conférait le droit de cité; dans d'autres, on exigeait des conditions plus ou moins importantes.

Un étranger, reconnu incapable dans ces derniers, aurait pu faire cesser son incapacité et éluder ces règles salutaires en allant résider quelques mois dans les premiers.

De cette manière, la loi d'un État l'aurait emporté sur celles de tous les autres, même à l'intérieur de leur juridiction.

En fait, il est vrai, le pouvoir exorbitant de naturaliser accordé à chaque État n'eut pas de graves inconvénients pour l'Union; mais on le dut uniquement à la faiblesse de l'émigration, à cette époque, et à la sagesse avec laquelle, aux États-Unis, on use de lois périlleuses.

Quoi qu'il en soit, en 1787, une convention élabora les bases de la Constitution actuelle, Constitution dont la cause première fut le besoin de resserrer les liens des divers États et d'établir un véritable gouvernement fédéral central capable d'agir.

Alors la nécessité de confier à ce gouvernement le pouvoir de fixer les conditions des droits de cité dans chaque État, puisque le droit de cité pour un État donnait le droit de cité pour toute l'Union, fut admise sans aucune discussion.

La Constitution porte :

« Le congrès aura le pouvoir d'établir une règle uniforme de naturalisation dans l'étendue des États-Unis. » (Art. 1er, sect. 8, § 4.)

D'après la nature de ce pouvoir, il est évident qu'il doit être exclusif, parce qu'un pouvoir partagé avec les États entraînerait tous les inconvénients que la règle uniforme a pour objet de prévenir.

Aussi, bien que, d'abord, on ait douté si ce pouvoir serait encore exercé par les États, sous le contrôle du congrès, il est réservé, maintenant, exclusivement au congrès.

A la différence des droits sur la propriété, c'est donc, dans la législation fédérale, et non dans les législations locales, que nous allons avoir à étudier les lois sur la naturalisation.

Les bases de la législation sur la naturalisation ont été posées par l'acte du 14 avril 1802, sous le titre d'*Acte qui établit une législation uniforme pour la naturalisation et rappelle les actes précédents sur ce sujet*. Tous les actes antérieurs relatifs à la naturalisation ont été annulés par ce dernier. (Section 5 de l'acte de 1802.)

Mais il a été complété, modifié et en partie abrogé par de nombreux actes; ceux des 26 mars 1804, 3 mars 1813, 30 juillet 1813, 22 mars 1816, 26 mars 1824, 24 mai 1828, 26 juin 1848, et tout récemment par une circulaire du secrétaire d'État; actes qui, eux-mêmes, se complètent, se modifient ou s'abrogent respectivement.

Aussi, y a-t-il d'abord quelque difficulté à bien voir les points pour lesquels ces actes se fortifient ou, au contraire, se modifient et s'abrogent l'un l'autre.

De plus, les dispositions d'un effet purement transitoire

y sont mêlées à celles d'un effet permanent, des cas particuliers aux règles générales.

Pour plus de clarté, reportant dans la troisième partie de ce livre les cas particuliers et les dispositions purement transitoires ou rétroactives, nous examinerons d'abord :

1° Dans le chapitre II, les conditions générales de la naturalisation ;

2° Dans le chapitre III, les tribunaux devant lesquels ces conditions doivent être remplies ou justifiées ;

3° Dans le chapitre IV, les preuves au moyen desquelles elles doivent l'être.

DEUXIÈME PARTIE.

DISPOSITIONS GÉNÉRALES.

CHAPITRE II.

CONDITIONS GÉNÉRALES DE LA NATURALISATION.

Nous trouvons les conditions, aujourd'hui exigées pour la naturalisation, dans la section première de l'acte de 1802, en le modifiant par la section 4 de l'acte de 1824.

« Il est décidé par le sénat et la chambre des représentants « des Etats-Unis d'Amérique, assemblés en congrès, que tout « étranger peut être admis à devenir citoyen des Etats-Unis « aux conditions suivantes, et à ces conditions seulement. »

(*Acte de* 1802.)

Ces conditions sont, aujourd'hui, au nombre de quatre :

1° Déclarer, deux ans avant son admission (nous verrons plus tard devant quels tribunaux), l'intention de devenir citoyen des Etats-Unis et de renoncer à la fidélité envers tout autre Etat.

« L'étranger déclarera, sous serment ou par affirmation, « devant la Cour suprême, la Cour supérieure, celle du dis- « trict ou du circuit de l'un des Etats ou celles des districts « territoriaux des Etats-Unis, *trois ans, au moins* (modifié), « avant son admission, que son intention est, *bonâ fide*, de « devenir citoyen des Etats-Unis, et de renoncer, à tout ja- « mais, à toute soumission (*allegeance*) et fidélité à tout sou- « verain, potentat, Etat, enfin à toute souveraineté, et spé- « cialement au souverain, potentat, Etat qu'il désignera, dont « il est encore citoyen ou sujet. »

(*Acte* 1802, sect. 1re, art. 1er.)

L'acte du 26 mai 1824 a réduit, à deux années, le temps entre la déclaration d'intention et la naturalisation.

« Une déclaration, par un étranger, de son intention de « devenir citoyen des Etats-Unis, faite dans les formes et de « la manière prescrites par la section première de l'acte de « 1802, *deux ans* avant sa naturalisation, suffira pour qu'il « soit considéré comme ayant rempli la condition exigée par « cet acte, quand même il se trouverait dans ledit acte ou « dans tout autre subséquent des dispositions contraires. »

(*Acte du* 26 *mai* 1824, sect. IV.)

2° La seconde condition consiste à renouveler cette déclaration au moment de l'admission, en s'engageant à défendre la constitution des Etats-Unis.

« Au moment où l'étranger se présentera pour être admis, « il déclarera, sous serment ou par affirmation, devant une « des cours précitées, qu'il défendra la constitution des Etats-« Unis, et qu'il renonce entièrement et absolument à toute « soumission et fidélité à tout souverain et tout Etat, notam-« ment à ceux dont il était auparavant sujet et citoyen; les-« dites formalités seront enregistrées par le greffier de la « cour. »

(*Acte* 1802, sect. Ire, art. 2.)

3° En troisième lieu, il faut prouver (nous verrons de quelle manière dans le chapitre IV de ce livre) une résidence, *sans reproche* et non interrompue, de cinq années dans les Etats-Unis, et de un an dans l'Etat ou territoire où siége la cour.

« La cour, qui admettra cet étranger comme citoyen des « Etats-Unis, devra avoir la preuve qu'il a résidé pendant cinq « années, au moins, aux Etats-Unis, et un an, au moins, sur « le territoire ou dans l'Etat où se tient ladite cour.

« Il devra lui être acquis que, pendant ce temps, il s'est « conduit comme un homme de bonne moralité, attaché aux « principes de la constitution des Etats-Unis, et disposé à « maintenir l'ordre et à contribuer à la prospérité du pays. »

(*Acte* 1802, sect. Ire, art. 3.)

4° Enfin, l'étranger doit expressément renoncer, devant la

cour où il se présente, à tout titre héréditaire ou nobiliaire qui lui aurait appartenu.

L'art. 4 de la même section exige que cette renonciation soit également enregistrée.

Une cinquième condition était, autrefois, exigée par la section II de l'acte de 1802.

Tout étranger, s'il voulait devenir citoyen, devait, à son arrivée, ou au moins cinq ans avant son admission, se faire enregistrer, en se présentant lui-même, ou, s'il était mineur ou domestique, en se faisant présenter par ses parents, tuteurs ou maîtres, au greffier d'une cour de district ou d'une cour quelconque d'enregistrement des Etats-Unis.

Il déclarait son nom, lieu de naissance, âge, nationalité, le pays d'où il venait et l'endroit où il comptait s'établir.

Le greffier enregistrait ces déclarations, et en délivrait un certificat, dont nous verrons plus bas l'utilité.

Cette condition a été supprimée par l'acte du 24 mai 1828, qui abroge la section II de l'acte de 1802.

Ainsi, en résumé, il y a quatre conditions de naturalisation.

1° Déclarer, deux ans avant, l'intention de devenir citoyen des Etats-Unis, et renoncer à toute fidélité envers tout autre Etat;

2° Renouveler, lors de l'admission, cette déclaration, en s'engageant à défendre la Constitution des Etats-Unis;

3° Avoir résidé, en homme de bien, depuis cinq ans, dans les Etats-Unis, et, au moins, depuis un an, dans l'Etat ou territoire où se tient la cour saisie de sa demande;

4° Renoncer à tout titre nobiliaire.

Les lois sur la naturalisation parlent toujours d'*étranger de sang libre et blanc*. Nulle loi des Etats ne dit cependant, d'une manière formelle, que le nègre n'est pas susceptible d'être naturalisé; mais, à défaut de la loi, les mœurs s'y opposent.

L'esclavage existe dans les Etats du Sud de l'Union; il est aboli dans les Etats du Nord.

Mais le préjugé qui repousse les noirs s'accroît à mesure que les noirs cessent d'être esclaves.

Le blanc, ne voyant plus de barrière qui le sépare du noir, s'en éloigne avec d'autant plus de soin qu'il craint d'être confondu avec lui.

Le préjugé de race est donc plus fort dans les Etats qui ont aboli l'esclavage que dans ceux qui l'ont maintenu, et il oppose une barrière, en fait, infranchissable.

Dans les Etats du Nord, la loi permet aux nègres et aux blancs de contracter des alliances légitimes; l'opinion déclare infâme le blanc qui s'unirait à une négresse; le fait est presque inconnu.

Dans presque tous les Etats où l'esclavage a été aboli, on a accordé au nègre affranchi des droits de citoyen; par exemple le droit électoral ou la capacité d'être juré.

Mais, si le nègre se présentait pour voter, il serait maltraité ou tué; de même l'opinion le repousse du banc des jurés.

La majorité est imbue de préjugés contre les nègres; et les magistrats ne se sentent pas la force de garantir, à ceux-ci, les droits que le législateur leur a conférés.

Quelques Etats, et en particulier l'Ohio, ont non-seulement interdit l'esclavage, mais ils prohibent l'entrée de leur territoire aux nègres libres, et leur défendent d'y rien acquérir.

On conçoit donc, qu'en fait, la naturalisation ne s'accorde jamais, ou à peu près, à des noirs.

CHAPITRE III.

TRIBUNAUX COMPÉTENTS POUR LA NATURALISATION.

Nous avons maintenant à faire connaître les cours compétentes pour statuer sur l'accomplissement des conditions de la naturalisation.

Trois textes législatifs se rapportent seuls à cette matière.

Ils appartiennent aux sections première et troisième de l'acte de 1802, et à la section troisième de l'acte de 1824.

Le laconisme et quelques inexactitudes de rédaction de

ces textes de loi permettraient difficilement de se fixer sur les tribunaux compétents pour la naturalisation.

Il faut se reporter aux bases de l'organisation judiciaire, exposées dans le chapitre XIII du livre premier, et à la distinction des causes en matière de loi et en matière d'équité, retracée dans le chapitre XIV du même livre.

Nous avons vu, au chapitre XIII, que la hiérarchie des tribunaux fédéraux se composait :

1° De la Cour suprême ;

2° De tribunaux inférieurs.

L'Union américaine avait été divisée en un petit nombre de circuits, dans chacun desquels est établie une cour dite de circuit.

Chaque circuit est subdivisé, à son tour, en districts possédant chacun une cour de district.

Dans les territoires fédéraux non encore érigés en États, les cours de circuit et de district sont remplacées par une cour dite Cour supérieure.

Les tribunaux fédéraux sont, donc, la Cour suprême, les cours de circuit et les cours de district.

Ces deux dernières sont remplacées, pour les territoires, par les cours supérieures.

Examinons maintenant les tribunaux compétents pour la naturalisation.

La section première de l'acte de 1802 porte : « L'étranger « doit faire ses deux déclarations d'intention de devenir ci- « toyen devant la Cour suprême, la Cour supérieure, celle « du district ou du circuit de l'un des États ou celles des « districts territoriaux des États-Unis. »

Sans nous arrêter à une inexactitude de rédaction, nous voyons que l'étranger peut faire ses déclarations : soit devant la Cour suprême des États-Unis, soit devant une cour de circuit ou de district, soit enfin devant la Cour supérieure d'un district territorial de l'Union.

Tous les tribunaux fédéraux sont donc compétents; mais ils ne le sont pas seuls : certains tribunaux des États particuliers le sont aussi.

La section III dit : « Toute cour d'enregistrement, dans « un des États de l'Union, si elle a *le droit de juridiction de la « loi commune,* et si elle possède un greffe ou pronotoriat et « un sceau, sera compétente pour recevoir ces déclarations ; « et tout étranger, qui se sera fait naturaliser devant elle, « jouira des mêmes droits et priviléges que s'il l'avait été de- « vant une cour de district ou de circuit des Etats-Unis. »

A première vue, on serait, peut-être, tenté de croire que cette section réserve, au contraire, exclusivement la compétence aux tribunaux fédéraux, en disant : « *Si cette cour a droit de juridiction de la loi commune.* »

Mais le simple rapprochement des sections première et troisième de l'acte de 1802 prouverait, même à une personne étrangère à l'organisation judiciaire des Etats-Unis, l'impossibilité d'admettre une telle interprétation.

Ce serait faire dire, à la section troisième, que la déclaration devant un tribunal fédéral est aussi valable que si elle avait été faite devant un tribunal également fédéral.

La section troisième oppose, d'ailleurs, les *cours d'enregistrement, dans un des Etats de l'Union* qui ont le droit de juridiction de la loi commune, aux *cours de district ou de circuit des Etats-Unis.*

Evidemment, elle parle de cours appartenant aux Etats locaux.

Nous savons, en effet (voir le chapitre XIV du premier livre), que les mots *juridiction de la loi commune* se rapportent à une division des tribunaux tout à fait indépendante de leur division en tribunaux fédéraux et locaux.

Nous avons dit que la juridiction des cours fédérales existe, en matière d'équité comme en matière de cause de la loi, ou, comme l'on dit indifféremment à ce sujet, en matière de cause de la loi commune.

Nous avons vu que la plupart des tribunaux des Etats locaux avaient droit de juridiction, en matière de loi commune, aussi bien qu'en matière d'équité.

La section troisième de l'acte de 1802 nous dit en effet : « Toute cour d'enregistrement *dans un des Etats* de l'Union, « si elle a *le droit de juridiction de la loi commune,* et si elle « possède un greffe ou pronotoriat et un sceau, sera compé-

« tente pour recevoir ces déclarations; et tout étranger qui se « sera fait naturaliser devant elle jouira des mêmes droits et « priviléges que s'il l'avait été devant une cour de district ou « de circuit des Etats-Unis. »

Parmi les cours des Etats locaux ayant droit de juridiction de la loi commune, l'acte de 1802 n'exclut que les tribunaux dépourvus du greffe ou du sceau nécessaires, ainsi que nous le verrons au chapitre suivant, pour la constatation des preuves requises en matière de naturalisation.

Le législateur déclare incompétente toute cour jugeant en matière d'équité.

La naturalisation, qui confère à un étranger les droits civils et politiques, intéresse trop directement l'Etat pour qu'il soit permis de soustraire cette matière aux règles de la loi stricte, de l'abandonner à des considérations d'équité générale, et trop souvent à la conscience peu sincère du postulant.

Nous verrons, au chapitre IV, que le législateur, préoccupé avec raison de ces considérations d'ordre public, a formellement interdit d'admettre, comme preuve de l'accomplissement d'une des conditions exigées pour la naturalisation, le serment du postulant, preuve favorite d'une juridiction d'équité.

Nous pouvons maintenant préciser, avec certitude, les tribunaux devant lesquels l'étranger est admis à déclarer son intention de devenir citoyen, ce sont :

1° Toutes les cours fédérales.

2° Toutes les cours d'enregistrement (*of record*) d'un Etat particulier, pourvu qu'elles aient droit de juridiction de la loi commune; qu'elles possèdent un greffe et un sceau.

La loi, on le voit, est aussi large que possible.

De plus, la section troisième de l'acte de 1824 admet, comme valable, toute déclaration *bonâ fide*, devant une cour autre que celles compétentes, pourvu qu'elle ait été faite, d'ailleurs, dans les mêmes conditions.

CHAPITRE IV.

PREUVES A FOURNIR POUR LA NATURALISATION.

Voyons maintenant quelles preuves l'étranger doit fournir pour arriver à la naturalisation; les développements des chapitres précédents rendront notre recherche plus facile.

L'intention de devenir citoyen doit être déclarée par serment de l'étranger; la loi ajoute, ou par affirmation, pour les *quakers* qui ne peuvent jurer.

De 1802 à 1828, alors que tout étranger devait se faire enregistrer à son arrivée, la résidence pendant cinq ans dans l'Union, et un an dans l'Etat particulier, ainsi que le délai de deux ans depuis la première déclaration d'intention de devenir citoyen, se prouvaient en représentant les deux certificats délivrés par les greffiers, lors de l'enregistrement, et lors de la déclaration d'intention.

Ces deux certificats devaient être littéralement transcrits, dans l'acte de la cour prononçant la naturalisation, à peine de nullité de celle-ci.

(*Acte du* 22 *mars* 1816, sect. 1re.)

L'acte de 1828 abrogea, à la fois, la section deuxième de l'acte de 1802, qui exigeait l'enregistrement lors de l'arrivée, et la section première de celui de 1816.

Celle-ci exigeait à peine de nullité, comme seule preuve admissible, la reproduction et la transcription littérale, dans l'acte de la cour qui prononce la naturalisation, des deux certificats d'enregistrement et de première déclaration.

Aujourd'hui, l'époque de la première déclaration d'intention sera encore prouvée par la reproduction du certificat du greffier de la Cour qui l'avait reçue.

Quant à la résidence, il n'y a plus d'enregistrement qui en constate le commencement.

Mais la section première de l'acte de 1802 interdit d'admettre comme preuve le serment de la partie intéressée.

Le serment de l'étranger ne peut jamais prouver sa résidence.

Cette interdiction est conforme aux principes, puisque nous avons vu, au chapitre XIV du Ier livre, qu'en matière de cause de la loi commune, le serment de la partie n'est pas, en général, une preuve admise.

D'ailleurs, sans cette disposition, un étranger de mauvaise foi eût facilement éludé les sages prescriptions de la résidence.

Cette résidence d'homme de bien dans l'Union pendant cinq ans, au moins, sans interruption et immédiatement avant la demande de naturalisation, et pendant un an dans l'Etat particulier, devra être prouvée par le serment de citoyens des Etats-Unis, qui, dans l'enregistrement, seront qualifiés de témoins.

Le séjour et les endroits où il a eu lieu doivent, à peine de nullité, être détaillés dans l'enregistrement de la cour qui prononce la naturalisation.

(*Acte* 1816, section 2.)

TROISIÈME PARTIE.

DISPOSITIONS TRANSITOIRES OU PARTICULIÈRES.

CHAPITRE V.

DISPOSITIONS TRANSITOIRES.

Nous avons traité, dans les chapitres précédents, des dispositions générales pour l'obtention de la naturalisation.

1° Quant aux conditions exigées;

2° Quant aux cours compétentes;

3° Quant aux preuves admissibles.

Nous parcourrons, dans ce chapitre, les dispositions transitoires relatives à des étrangers arrivés, dans l'Union, à des époques antérieures aux actes qui les ont portées.

Le chapitre suivant sera consacré aux exceptions apportées aux règles générales, pour certains étrangers qui sont dans des positions particulières.

Les actes de 1802 (section 1re), 1804 (section 1re), 1816 (section 2) et 1828 (section 2) contiennent des dispositions en faveur des étrangers arrivés sur le territoire de l'Union.

L'ensemble des périodes fixées s'étend, sans interruption, de 1795 à 1812.

Tout étranger arrivé dans ce laps de temps est dispensé de la nécessité de la déclaration préalable, deux ans à l'avance, de l'intention de devenir citoyen.

Il lui suffit, remplissant, d'ailleurs, les autres conditions, de prouver, lorsqu'il sollicite sa naturalisation, qu'il a résidé pendant les cinq ans sur le territoire de l'union et une année sur celui de l'Etat local.

Une autre disposition, de la section 1re de l'acte de 1802, avait accordé cette faveur aux étrangers arrivés avant 1795.

Il y avait, de plus, cet avantage que la résidence exigée était, pour eux seuls, réduite à deux années.

CHAPITRE VI.

CAS PARTICULIERS.

Nous trouvons, d'abord, trois dispositions spéciales en faveur d'enfants des étrangers.

Elles leur facilitent, dans une mesure plus ou moins large, l'obtention de la naturalisation.

1° Les enfants, âgés de moins de 21 ans, de personnes qui obtiennent la naturalisation, deviennent eux-mêmes citoyens, pourvu qu'ils habitent les Etats-Unis. (*Acte* 1802, section 4-1°.)

2° Toute personne qui aura habité les Etats-Unis trois ans avant sa majorité et qui, depuis, aura continué à y habiter, peut, après être arrivée à l'âge de 21 ans et avoir résidé cinq ans y compris les trois années avant sa majorité, devenir citoyen, sans avoir fait la déclaration préalable de son intention.

Il suffit : 1° qu'elle fasse cette déclaration en demandant son admission;

2° Qu'elle déclare, en outre, sous serment, et qu'elle prouve, à la satisfaction de la cour, que, pendant les trois dernières années, elle a été, *bonâ fide*, dans l'intention de devenir citoyen.

(*Acte* 1824, sect. 1re.)

Plus libérale que l'art. 9 de notre Code civil, la législation américaine ne limite pas son bienfait, comme la législation Française, à l'étranger né dans le territoire.

Elle l'étend à tous ceux qui y sont arrivés avant l'âge de 21 ans; à tous elle suppose l'intention et facilite les moyens de devenir citoyens.

3° On ne peut nier, cependant, que l'enfant né sur le sol même ne soit dans une position plus digne encore de faveur que celui qui est arrivé dans son enfance.

Depuis la dernière loi sur la naturalisation, une circulaire du secrétaire d'Etat a déclaré que tout enfant né sur le sol des Etats-Unis de parents étrangers, même non naturalisés, serait, par le seul fait de sa naissance, réputé naturalisé, et pourrait, par la suite, réclamer la qualité de citoyen.

Il est remarquable que la plus récente disposition de la loi américaine soit précisément la règle suivie dans notre ancienne jurisprudence, avant le Code : *tout individu né en France est Français.*

« Pour que ceux, disait Pothier, qui sont nés dans les pays « de la domination française soient réputés Français, on ne « considère pas s'ils sont nés de parents français ou étran- « gers; si les étrangers étaient domiciliés dans le royaume « ou s'ils n'y étaient que passagers...

« La seule naissance, dans ce royaume, donne des droits de « naturalité, indépendamment de l'origine des père et mère « et de leur demeure. »

(*Traité des personnes, tit.* 2, *sect.* 1.)

On sait que, lors de la confection du Code civil, une première rédaction, reproduisant la règle de l'ancien droit, fut remplacée par l'art. 9 actuel.

L'enfant né en France d'un étranger ne devient, aujourd'hui, Français qu'à la charge :

1° De réclamer cette qualité dans l'année de sa majorité ;

2° De déclarer, en même temps, qu'il entend fixer son domicile en France ;

3° De s'y fixer dans l'année de sa déclaration.

4° Les enfants de citoyens ou même d'anciens citoyens ne se voient pas traités avec moins de faveur, alors même qu'ils sont nés en dehors des Etats-Unis.

La disposition, en faveur des enfants de parents qui ont été et ne sont plus citoyens, est d'une faveur tout à fait extraordinaire.

Les enfants de personnes qui sont actuellement ou *ont été* citoyens des Etats-Unis seront réputés citoyens, quand même ils auraient reçu le jour en dehors des limites de l'Union.

Mais la qualité de citoyen n'appartient pas aux enfants dont les pères n'ont jamais résidé aux Etats-Unis.

(*Section* 4 *de l'acte de* 1802.)

5° Si un étranger meurt après avoir fait la déclaration préalable de son intention de devenir citoyen, cette déclaration servira à sa veuve et à ses enfants.

Il leur suffira, dans ce cas, pour obtenir la qualité de citoyen, de déclarer leur intention et de prêter le serment requis au moment même de leur demande d'admission à la naturalisation.

(*Sect.* 2 *de l'acte du* 26 *mars* 1804.)

6° Nous avons vu, au chapitre II, livre II, que l'étranger doit, pendant les cinq années qui précèdent sa demande de naturalisation, n'avoir jamais été, un instant, hors du territoire des Etats-Unis.

La section 12 de l'acte du 3 mars 1813 appliquait cette rigoureuse disposition aux matelots à bord des navires des Etats-Unis, que ces navires appartinssent ou non à l'Etat.

Ainsi le matelot qui s'embarquait, même à bord d'un navire de guerre, était réputé quitter le territoire et, par suite, perdait sa capacité d'être naturalisé.

La disposition, à la fois illogique et impolitique de l'acte de 1813, n'a été abrogée que par l'acte du 26 juin 1848.

Aujourd'hui, tant qu'un matelot est à bord d'un navire américain de guerre ou de commerce, il est censé résider sur le territoire.

7° La législation sur la naturalisation ne pouvait porter tteinte aux lois concernant les ennemis et la sûreté du pays.

Les sujets d'un Etat en guerre avec les Etats-Unis ne peuvent être naturalisés pendant la guerre.

(*Acte de* 1802, *section* 1.)

Toute personne ayant été proscrite par un Etat, ou légalement convaincue de s'être jointe à l'armée anglaise dans la guerre de l'indépendance, ne pourra être naturalisée sans le consentement de la législature de l'Etat qui a prononcé la proscription.

(*Acte* 1802, *section* 4 *in fine*.)

Enfin, l'acte du 30 juillet 1813, décrété sous les préoccupations de la guerre renaissante avec l'Angleterre, porte que toutes personnes, ayant déjà déclaré leur intention de devenir citoyens, peuvent être réputées étrangers ennemis, aux époques et de la manière prescrites par les lois à ce sujet.

Il ajoute même : « Il est bien entendu qu'aucune des prescriptions du présent acte ne pourra être interprétée de manière à empêcher ou restreindre le droit d'arrêter ou d'éloigner, conformément aux lois, tout étranger ayant été ennemi à une époque quelconque antérieure à sa naturalisation actuelle. »

QUATRIÈME PARTIE.

DISPARITION DES ANCIENNES LOIS LOCALES.

CHAPITRE VII.

DISPARITION DES ANCIENNES LOIS LOCALES SUR LA NATURALISATION.

Nous avons terminé tout ce qui se rattache à l'obtention de la naturalisation.

Avant de passer aux effets de la naturalisation acquise, nous dirons quelques mots sur la disparition des anciennes lois locales.

Toutes les législations locales ont été abrogées, en droit, dès 1788.

Celles de ces législations qui étaient plus rigoureuses que la loi fédérale n'ont pas tardé à tomber, en fait, dans une désuétude complète.

Aucun étranger, en effet, ne s'expose à se faire refuser par cette législation illégale, la naturalisation que lui accorde, sans même sortir de l'Etat local, le tribunal fédéral ayant cet Etat dans son ressort.

Mais les mœurs et l'intérêt des étrangers à y recourir ont perpétué plus ou moins longtemps, dans certains Etats, d'anciennes règles locales plus faciles que la législation fédérale sur la naturalisation.

Nous savons que les législations locales sur la naturalisation n'ont plus aujourd'hui d'intérêt pratique.

Depuis 1788, au congrès fédéral seul il appartient de régler cette matière.

Il a été établi que les Etats locaux ne pouvaient, même sous la surveillance du congrès, prendre part à l'exercice de ce pouvoir.

Du reste, ces vestiges de l'indépendance des législations locales, en la matière, deviennent d'une application de plus en plus rare.

On peut considérer, dès ce moment, ces législations locales comme ayant cessé à peu près aussi complétement d'exister, en fait, qu'elles avaient cessé d'exister en droit, dès 1788.

Les causes principales qui ont battu en brèche les derniers vestiges des lois locales, et qui ont aidé à réaliser le droit, c'est-à-dire la législation unique du congrès ont été :

1° L'action constante des tribunaux fédéraux, et surtout de la Cour suprême;

2° Un mouvement qui, depuis plusieurs années, s'est déclaré dans l'opinion, émue à la fois :

1° Des abus criants qui se faisaient au moyen de l'application des anciennes lois de quelques Etats, surtout de l'Etat de New-York, point principal d'arrivée des émigrants ;

2° Des dangers qu'elle croyait devoir y rattacher à la suite de la dissipation et de la conduite turbulente d'émigrés, Irlandais pour la plupart, nouvellement admis au droit de cité.

3° Ce mouvement a été, lui-même, rendu plus vif par les passions soulevées, au nom du dernier des partis qui se sont formés au sein des Etats-Unis.

Ce parti, qui s'intitule parti du *know nothing* (ne rien savoir), a pour devise : réserver l'Amérique aux Américains d'origine.

Une réforme des lois sur la naturalisation, dans un sens restrictif des facilités d'admission, et des effets pour les droits politiques, est une des bases de son programme.

Ce parti a préludé, à la campagne, qu'en ce moment il entreprend contre certaines clauses de la législation fédérale, et entre autres, les lois sur la naturalisation, en attaquant les abus clandestins dans l'application de ce qui restait çà et là des vieilles lois locales.

Sur ce point, il était l'avocat de la légalité et de la raison ; il n'a pas eu de peine à avoir gain de cause devant l'opinion publique, et à porter, s'il en était besoin, le coup de grâce à ces débris des anciennes législations particulières.

Nous devons dire, toutefois, qu'on lit encore dans la constitution des deux Etats de la Caroline du Nord et du Vermont, des lois sur la naturalisation différentes de la législation fédérale.

Mais il est douteux que ces lois locales soient aujourd'hui bien souvent appliquées; c'est donc, presque à titre d'intérêt historique, que nous les mentionnons.

« L'étranger qui, depuis un an, a prêté serment de fidélité à l'Etat de la Caroline du Nord, et qui réside dans son territoire, est citoyen. »

(*Constitution de la Caroline du Nord*, art. 40.)

L'art. 39 de la constitution du Vermont porte une disposition analogue.

CINQUIÈME PARTIE.

EFFETS DE LA NATURALISATION.

CHAPITRE VIII.

Le naturalisé exerce tous les droits civils et politiques attachés à la qualité de citoyen des Etats-Unis, à l'exception de ceux dont l'exercice est subordonné à la possession préalable du droit de cité pendant un certain nombre d'années.

Pour être électeur, il doit, comme tout Américain, avoir vingt-un ans, payer un cens variable selon les Etats, et être citoyen de l'Union.

Le Michigan seul a inséré, dans sa constitution, que les étrangers auraient droit de suffrage, même dans les élections des présidents et membres du congrès, avant le délai fixé par les lois fédérales sur la naturalisation.

Le naturalisé ne peut être élu représentant qu'après sept ans de naturalisation, et choisi sénateur qu'après neuf ans.

Ces délais expirés, il a la plénitude des droits politiques comme un Américain d'origine, sauf cette seule restriction, intéressant bien peu de personnes, qu'un étranger naturalisé n'est jamais éligible à la présidence ou à la vice-présidence des Etats-Unis.

En France, les conditions de la naturalisation sont, d'après l'art. 3 de la constitution de l'an VIII, et le décret du 17 mars 1809 :

1° Déclarer, après avoir atteint l'âge de vingt-un ans accomplis, son intention de se fixer en France ;

2° Y résider pendant dix ans, et faire prononcer la naturalisation par le souverain.

La naturalisation ordinaire confère bien à l'étranger le titre de citoyen ; mais, jamais, elle ne lui donnera la plénitude des droits politiques; à aucune époque, il ne pourra siéger dans les chambres, et la carrière politique en France lui est ainsi fermée.

La naturalisation que le souverain peut accorder à l'étranger, après un an de résidence, pour services rendus à la France, ne confère pas, non plus, la plénitude des droits civiques.

Cette plénitude, qui assimile le naturalisé au Français d'origine, ne peut résulter que de la grande naturalisation ; le souverain accorde celle-ci, par lettres vérifiées dans les chambres, pour services signalés rendus à l'Etat.

En Angleterre, les étrangers naturalisés sont à jamais exclus du parlement.

L'histoire de ces dernières années nous a montré, au contraire, quelle grande part les étrangers prennent dans les hautes régions de la vie politique des Etats-Unis, et quelle énorme proportion de fonctionnaires élevés, de membres des deux chambres, de diplomates l'émigration fournit à l'Union américaine.

FIN DU DEUXIÈME LIVRE.

CONCLUSION.

La législation de l'étranger, dans un état qui a intérêt, soit d'attirer ou d'éloigner les immigrants; soit de favoriser ou de restreindre l'expatriation de ses propres sujets, a la plus grande importance, au point de vue de la tranquillité intérieure et du développement de la puissance nationale.

Vu l'étendue des territoires des États-Unis, la diversité de leurs lois locales, la rapidité du flôt d'émigration Européenne qui s'y porte, on ne saurait trouver un exemple plus compliqué, plus saisissant de l'application d'une aussi grande qustion.

Ce problème a, aujourd'hui, la plus sérieuse importance pour les états Européens; ils s'occupent presque tous, sur un coin du globe, avec plus ou moins de succès, de colonisations diverses; cependant plusieurs pourraient être amenés à réfléchir sur les symptômes de quelque diminution inattendue dans des parties de leur population, souvent accompagnée de plus de bien-être individuel.

D'ailleurs, l'immixtion, l'une dans l'autre, des races qui couvrent les divers États du monde, parvenue à de certaines limites, serait une réaction incessante et, par conséquent, à la longue irrésistible; elle amènerait de grandes modifications au point de vue de la politique, des mœurs, des lois et de la civilisation en général.

L'auteur de ce travail ne peut avoir la prétention d'offrir un Code complet sur une matière aussi neuve qu'étendue.

Mais, s'il est parvenu à réunir et à coordonner les éléments jusqu'ici épars, ou pour ainsi dire inaperçus, d'une législation aussi compliquée, vu le grand nombre des états de la fédération et les modifications journalières de leurs jurisprudences spéciales, quelquefois contredites par la législation fédérale ou par les traités internationaux, et enfin vu l'élasticité même de la loi américaine souvent susceptible de modification à l'aide de la voie législative, et toujours très librement interprétée par les tribunaux, sans doute un premier but utile aura été atteint dans ce livre.

FIN.

TABLE DES MATIÈRES

Législation de l'Étranger aux États-Unis.

PARIS. — Typographie et Lithographie LACOUR, rue Soufflot, 18.

Publications du même Auteur :

DE LA TAILLE LA PLUS FAVORABLE

A LA REPRISE DES ARBRES

1855

PRODUITS FORESTIERS

DES LANDES DE GASCOGNE

1857

Sous Presse pour paraître en juin 1857.

LÉGISLATION

DES MUSULMANS

PARIS. — Typ. LACOUR, rue Soufflot, 18.

www.ingramcontent.com/pod-product-compliance
Ingram Content Group UK Ltd.
Pitfield, Milton Keynes, MK11 3LW, UK
UKHW012053240726
13965UKWH00003B/1247

9 782013 066075